业务变革
理论与实践

田淏元 / 著

企业管理出版社
ENTERPRISE MANAGEMENT PUBLISHING HOUSE

图书在版编目（CIP）数据

业务变革理论与实践 / 田淏元著. --北京 ：企业管理出版社，2025.5
ISBN 978-7-5164-3192-4

Ⅰ．F271

中国国家版本馆CIP数据核字第2025VW2899号

书　　名：	业务变革理论与实践
书　　号：	ISBN 978-7-5164-3192-4
作　　者：	田淏元
策　　划：	蒋舒娟
责任编辑：	蒋舒娟
出版发行：	企业管理出版社
经　　销：	新华书店
地　　址：	北京市海淀区紫竹院南路17号　邮　　编：100048
网　　址：	http://www.emph.cn　电子信箱：26814134@qq.com
电　　话：	编辑部（010）68701661　发行部（010）68417763 / 68414644
印　　刷：	三河市荣展印务有限公司
版　　次：	2025年5月第1版
印　　次：	2025年5月第1次印刷
开　　本：	700mm×1000mm　1/16
印　　张：	11.75印张
字　　数：	203千字
定　　价：	68.00元

版权所有　翻印必究　·　印装有误　负责调换

PREFACE 序

运筹帷幄之中，决胜千里之外

本书所有观点仅代表笔者在华为技术有限公司工作经历中形成的个人角度的理解，并不是华为公司的官方表述，而且笔者于 2018 年 8 月离开华为，很多观点不一定符合当下的时宜。请读者阅读时特别留意。

2021 年在给一家年收入超 300 亿元的上市公司做业务变革训战时，晚上参与当地年收入近 3 亿元公司的 IPD 变革合作会议，有人询问笔者是否有简化版的 IPD 流程，做成一个在半年落地的项目，当时脑海里一直装的是百亿元级年收入公司的全量 IPD 项目，本能地答复"做不出来"。

后来辗转全国各地，与企业家们交流时，又有一些询问：

"华为的管理体系好，但是我们的员工知识结构没有达到相应的级别，短时间整不会"；

"华为的课我学了好多门，甚至一门课在不同的咨询公司都学了，书也看了十几本，但由于公司的体量和组织不在一个量级，还是不敢贸然开展业务变革和流程管理"；

"华为新建一个一级流程都要建 3 到 5 年，但我们这样的公司等不及啊，有没有快速的办法，1 年落地 10 个流程的方法"；

……

这些问题当时不好立即解答，但是能不能通过一本书来解答呢？

回想起 20 年工作历程，我总结了软件开发与测试、产品管理、业务变革、流程管理、组织变革、联合创新、数字化转型、训战咨询等工作经验，担任了多个角色——业务专家、流程专家、变革专家、咨询项目甲方、咨询项目乙方、第三方独立顾问，不断历练，深深体会到构建企业管理体系的"不容易"和"相当难"。

管理咨询产品不同于按业界流程开发出来的硬件产品或软件产品，管理咨询产品需要转化人的意识，需要打造企业的变革氛围，更需要既科学又实用的方法，是企业与顾问老师一起开展企业管理全方位联合创新的结果；双方都需要变革领导力、业务能力、流程IT专业能力，需要高度信任和密切的长期的配合，才能打造好不断进化的管理体系。

所以，此书在介绍华为优秀实践基础上，更主要的是从企业如何"纲举目张"学好用华为角度去描述，即企业用最实用的方法适配落地核心流程，形成企业管理基线，然后迭代开展流程运营、组织变革和数字化转型，不断提高企业的效益、效率和运作质量。

为达到"庖丁解牛"和"学而时习之，不亦说乎"的效果，本书每章在结构上，首先以华为业务变革和流程管理的理论作为指导；然后通过若干节内容介绍"打样企业"的顶层组织设计，以帮助企业高屋建瓴地掌握业务流程架构及业务流主要模块；同时设计研讨问题帮助企业检查思维上的盲点，并提供相应的问答巩固关键知识点；最后，引用华为的变革方法进行对照印证。这样读者既可以系统化地学习，又可以灵活地查阅。

"运筹帷幄之中，决胜千里之外"，对企业管理团队来说，"做正确的事"永远比"正确地做事"更重要。企业创始人、董事长、CEO应自己先学懂基本要点，同时亲自带领团队用1到2个月的时间根据本书内容"模拟操盘"或"快速打样"，必能对业务变革和流程管理的精华心领神会，走出知行合一的第一步——构思出业务变革蓝图和流程管理的主线，实现增长土地肥力和多打粮食的目标。

田溟元
2025年2月于深圳

ABBREVIATION 缩略语

简称	全称	释义
ADCP	Availability Decision Check Point	可获得性决策评审点
AI	Artificial Intelligence	人工智能
AR	Account Responsible	客户负责人
AT	Administration Team	行政管理团队
ATC	Authorize to Contract	合同签约评审与决策
ATCA	Authorize to Contract Amendment	合同变更评审与决策
BEM	Business Execution Model	业务战略执行力模型
BG	Business Group	业务群
BLM	Business Leadership Model	业务领先模型
BOM	Bill of Materials	物料清单
BP	Business Plan	业务计划
BPA	Business Process Architecture	业务流程架构
BSC	Balanced Score Card	平衡计分卡
BU	Business Unit	业务单元
CBB	Common Building Block	通用基础模块
CCB	Change Control Board	变更控制委员会
CDCP	Concept Decision Check Point	概念决策评审点
CDP	Charter Development Process	商业计划书开发流程
CDT	Charter Development Team	商业计划开发团队
CEO	Chief Executive Officer	首席执行官
CFO	Chief Financial Officer	首席财务官
CHO	Chief Human Resources Officer	首席人力资源官
CIO	Chief Information Officer	首席信息官

简称	全称	释义
CMO	Chief Marketing Officer	首席营销官
COE	Center of Excellence	能力中心
COO	Chief Operating Officer	首席运营官
C-PMT	Corporate Portfolio Management Team	公司组合管理团队
CSQC	Customer Satisfaction and Quality management Committee	客户满意与质量管理委员会
CT	Compliance Testing	遵从性测试
CTO	Chief Technology Officer	首席技术官
CXO	Chief X Office	首席 X 官
DCP	Decision Check Point	决策评审点
DG	Demand Generation	商机激发
DSTE	Develop Strategy to Execute	开发战略到执行
EDCP	Early Sales Decision Check Point	早期销售决策点
EMT	Executive Management Team	经营管理团队
EOL	End of Life	生命周期结束
EOM	End of Marketing	停止市场营销与销售
EOP	End of Production	停止生产（含备件）
EOS	End-of-Support & Service	停止支持与服务
ESC	Executive Steering Committee	变革指导委员会
FC	Financial Committee	财经委员会
FR	Fulfill Responsible	交付与履行负责人
GA	General Available	通用可获得性
GPC	Global Process Controller	全球流程控制者
GTS	Global Technology Service	全球技术服务
GPMM	Global Process Maturity Model	全球流程成熟度模型
GPO	Global Process Owner	全球流程负责人
GTM	Go to Market	上市
HR	Human Resources	人力资源
HRC	Human Resources Committee	人力资源委员会
ICT	Information and Communications Technology	信息和通信技术

缩略语

简称	全称	释义
IFS	Integrated Financial Service	集成财务转型
IPD	Integrated Product Development	集成产品开发
IPMT	Integrated Portfolio Management Team	集成组合管理团队
IRB	Investment Review Board	投资评审委员会
ISC	Integrated Supply Chain	集成供应链
IT	Information Technology	信息技术
ITMT	Integrated Technology Management Team	集成技术管理团队
ITR	Issue to Resolution	从问题到解决
KPI	Key Performance Indicator	关键绩效指标
LMT	Life-cycle Management Team	生命周期管理团队
LTC	Lead to Cash	从线索到回款
MBS	Manage Business Support	管理业务支持
MCR	Manage Client Relationship	管理客户关系
MDT	Market Decision Team	市场决策团队
MET	Market Executive Team	市场执行团队
MKTG	Marketing	营销
MM	Market Management	市场管理
MQA	Marketing Quality Assurance	营销质量保证
MBT&QO	Manage Business Transformation & Quality Operation	管理业务变革、质量与运营
MTL	Market to Lead	市场到线索
OKR	Objectives and Key Results	目标与关键成果
OR	Offering Requirement	需求管理
PBC	Personal Business Commitment	个人绩效承诺
PBI	Product Base Information	产品基础信息
PCR	Project Change Request	项目更改请求
PDCA	Plan-Do-Check-Act	PDCA 循环
PDCP	Plan Decision Check Point	计划决策评审点
PDT	Product Development Team	产品开发团队
PMO	Projeet Management Office	项目管理办公室

简称	全称	释义
PMT	Portfolio Management Team	组合管理团队
PQA	Process Quality Assurance	全流程质量管理者
QCC	Quality Control Circle	质量控制圈/品管圈
RFI	Request for Information	项目问询书
RFP	Request for Proposal	征求建议书
RMT	Requirement Management Team	需求管理团队
ROI	Return on Investment	投资回报率
RPA	Robotic Process Automation	机器人流程自动化
SACA	Semi-Annual Control Assessment	半年度控制评估
SCE	Seller Competence Enablement	销售赋能
SDC	Strategy and Development Committee	战略与发展委员会
SDT①	Solution Development Team	解决方案开发团队
SDT②	Sale Decision Team	销售决策团队
SE	System Engineer	系统工程师
SOD	Separation of Duty	职责分离
SP	Strategy Plan	战略规划
SPDT	Super Product Development Team	产品领域开发团队
SR	Solution Responsible	解决方案负责人
ST	Staff Team	实体组织办公
TCO	Total Cost of Ownership	总体拥有成本
TDT	Technology Development Team	技术开发团队
TMT	Technology Management Team	技术管理团队
TOPN	TOP N	前N个
TQM	Total Quality Management	全面质量管理
TR	Technical Review	技术评审点
VDBD	Value Driven Business Design	价值驱动的业务设计

目录

第一章　业务主官躬身入局，"一念之间"运化管理体系……001

第一节　理解流程型组织，从"对人负责制"转向"对事负责制"……003
第二节　建立打样企业模型，发布流程框架，任命流程责任人……008
第三节　成立变革管理团队，启动变革项目……016

研讨与演练……024
1. 比较公司与华为在治理架构、组织架构上的异同点。
2. 公司的组织架构如何调整才更有利于作战、产生价值、提高客户满意度？
3. 研讨并输出公司 BPA1.0，并任命 GPO 和 GPC。
4. 流程责任人的责、权、利是什么？
5. 研讨并输出公司的流程成熟度模型。
6. 公司的流程架构与组织架构有什么关系？

关键问答……024
1. 什么是好的流程？
2. 什么是流程责任制？
3. 组织设计的关键点有哪些？
4. 职能型组织与流程型组织的关键差异点在哪里？
5. 矩阵型组织中，企业如何处理好业务线和资源线的矛盾？
6. 如何开好决策会议？
7. 如何提高企业的项目管理水平？
8. 项目经理如何开展自我角色认知？
9. BSC、KPI、OKR 等考核模型的异同点。
10. 成功管理好企业有没有比较轻松的办法？
11. 华为为什么成功？
12. 华为如何用对人？
13. 华为如何分好钱？

他山之石……032

第二章　开发战略到执行，落地关键"三板斧" 034

第一节　从更高维度把握"战略到执行管理运营流" 038
第二节　清晰的顶层设计是企业不断发展的源动力 043
第三节　开好各级战略管理会议，确保执行落地到位 047

研讨与演练 050
1. 召开一次 SDC—战略务虚会，输出战略指引。
2. 公司的业绩差距和机会差距在哪里？如何改进？
3. 公司各级部门召开一次 AT 会议，学习董事长讲话文件，输出学习心得。

关键问答 050
1. BLM 模型中，战略意图和市场洞察有严格的先后顺序吗？
2. DSTE 中的市场洞察与 MTL 中的市场洞察是一样的吗？
3. 什么是战略投入？
4. 如何开展战略健康度审视？
5. 如何对中高级干部开展阶段审视？
6. 如何理解华为职位与薪酬管理的关系？
7. 什么是获取分享制？

他山之石 052

第三章　"123"理顺 IPD 集成产品开发，帮助客户和企业商业成功 055

第一节　一个中心思想，理解 IPD 的内涵 059
第二节　两条主线——IPD 决策机制与专家评审机制 066
第三节　三大关键子流程之一：产品 Charter 开发与立项流程 069
第四节　三大关键子流程之二：产品开发子流程 071
第五节　三大关键子流程之三：需求管理流程 073

研讨与演练 076
1. 一方扮演客户，一方扮演产品管理专家，演练需求调研。
2. 分析一个重大市场需求，并通过 RMT 决策。
3. 在新产品 Charter 任务书中，演练财务收益模板。
4. 演练一次 IPMT 决策会议，决策评审点为 PDCP。

5. PDT 核心成员演练一次 TR3 评审。
6. 开展一次 PDT 经理的模拟选拔演练。

关键问答 076

1. 如何构建和运作 IRB？
2. 如何开好 IPMT 会议？
3. 什么是产品组合规划？
4. 什么是需求的层次？
5. 客户需求非常多，我们是以客户为中心的文化，所有需求都要接纳吗？客户需求如何排序？如果部分不接纳，怎么拒绝？
6. 什么是产品包需求？
7. 什么是 PCR？
8. 在产品开发中，如何协调好产品、平台、客户定制需求的关系？
9. 解决方案分为哪几类？各由什么流程负责？
10. 什么是 SDT[①]？
11. 如何构建一个简化版 IPD 流程？

他山之石 085

第四章 不断做厚做深做宽客户界面，LTC 打赢"班长的战争" 088

第一节 LTC 的本质是销售业务操作系统 090
第二节 合理控制 LTC 变革节奏，设计变革方案，确保变革成功 095
第三节 大客户业务按项目运作，提升项目经营能力 101

研讨与演练 107

1. 选取公司目前所有的销售线索，进行分类整理。
2. 选取公司十个大客户合同，看是否可以在合同模板上提高合同质量？
3. 研讨公司 LTC 变革的路标。
4. 选取公司 TOP 5 客户经理销售冠军，看客户经理的素质模型是什么？
5. 研讨国家代表的自我认知。

关键问答 107

1. 如何进行"铁三角"能力提升？
2. 项目分级就是客户分级吗？
3. LTC 的流程绩效指标有哪些？

· IX ·

4. 管理客户满意度具体包括哪些方面？

5. 如何管理关键客户关系？

6. 如何管理客户承诺需求？

他山之石 110

第五章　站得高看得远，打造持续增长的市场 116

第一节　MTL 构建强大的中场发动机 118

第二节　"数出一孔"的市场洞察和科学的市场管理帮助企业打
　　　　"移动靶" 122

第三节　赋能一线，对准战略、品牌、细分市场开展营销活动，
　　　　促进线索生成 126

研讨与演练 128

1. 市场部 /Marketing 部的关键职能是什么？现在的状况如何？如何改进？

2. 制定公司各细分市场的价值主张。

3. 营销预算如何管理？营销费用是否可视（机关、地区部、代表处）？是否缺乏对营销投入的分析？财务科目与业务科目是否匹配？是否无法计算投资回报率（ROI）？营销预算与线索的匹配关系是否建立？营销费用是否与营销框架中的"营销方案——组合营销活动——营销活动"构成映射？

4. 策划××细分市场组合营销活动。

5. 选择一个地区部，演练 MDT 决策，对"××细分市场营销计划"进行决策。

关键问答 128

1. 经常看到 IPD 也讲市场管理，DSTE 里也有市场管理，MTL 里也有市场管理，这是为什么？

2. 如何做好细分市场的选择和排序？

3. 如何做好营销标杆项目？

4. 地区部 MDT 决策的内容主要有哪些？

5. 如何衡量营销方案的质量？

6. 组合营销活动的目的是什么？有哪些要点？

7. Launch 与 GTM 的区别在哪里？

8. 产品管理与市场管理定位的差异点是什么？

9. MQA（营销质量保证）的主要工作包括哪些？

10. 营研协同（MTL-IPD）的主要内容包括哪些？

   他山之石 135

第六章　变革/流程/IT/质量/运营"五灯塔"，护航企业管理转型 138

   第一节　设置质量与运营部，建立"管理业务变革、质量与
   　　　　运营"的流程 141

   第二节　理解流程基本概念，设计流程架构，有序开展变革 144

   第三节　完善流程管理体系，提高业务运作质量 148

   研讨与演练 151

   1. 如何提升业务主官的变革领导力？
   2. 公司质量与运营部部长组织一次研讨，输出公司变革规划并进行预审，内容包括流程变革、组织变革、数字化转型。
   3. 公司投资评审委员会主任和公司质量与运营部部长共同组织一次 IPD 变革准备度评估，并向经营管理团队汇报决策是否启动 IPD 变革。
   4. 研讨并建立公司质量方针。
   5. 研讨并建立公司质量目标。
   6. 选择一个产品开发团队，开展质量控制圈活动。
   7. 输出 ×× 地区部运营规划。
   8. 研讨公司 IT 开发与业务部门的配合方式。

   关键问答 151

   1. 什么是华为公司流程"日落法"？
   2. 流程与制度的关系和区别是什么？
   3. 数字化转型需要以流程建设为基础吗？
   4. 数字化转型一定要先做好 4A 架构才能进行建设吗？
   5. 什么是 QCC？
   6. 什么是 PDCA 循环？

   他山之石 153

第七章　企业文化漫谈 155

   第一节　博采众长融汇中西的华为文化 156

第二节　游历祖国大好河山，建立独特企业文化 160

研讨与演练 166

1. 企业文化与流程管理、变革管理的关系。
2. 企业文化与战略的关系。
3. 如何打造优秀的企业文化？

关键问答 166

华为接班人是如何产生的？

他山之石 166

参考资料 169

后记 173

第一章

业务主官躬身入局，"一念之间"运化管理体系

我们持续进行管理变革，就是要建立一系列以客户为中心、以生存为底线的管理体系，就是在摆脱企业对个人的依赖，使要做的事，从输入到输出，直接端到端，简洁并控制有效地连通，尽可能地减少层级，使成本最低，效率最高。要把可以规范化的管理都变成扳道岔，使岗位操作标准化、制度化。就像一条龙一样，不管如何舞动，其身躯内部所有关节的相互关系都不会改变，龙头就如营销，它不断地追寻客户需求，身体就随龙头不断摆动，因为身体内部所有的相互关系都不变化，使得管理简单、高效、成本低。按流程来确定责任、权利，以及角色设计，逐步淡化功能组织的权威，组织的运作更多的不是依赖于企业家个人的决策。

管理就像长江一样，我们修好堤坝让水在里面自由流，管它晚上流，白天流。晚上我睡觉，但水还自动流。水流到海里面，蒸发成空气，又化成水，流到长江，长江又流到海，海水又蒸发。这样循环搞多了以后，它就忘了一个还在岸上喊"逝者如斯夫"的人，一个"圣者"。它忘了这个圣者，只管自己流。这个"圣者"是谁？就是企业家。企业家在这个企业没有太大作用的时候就是这个企业最有生命力的时候……所以，我们认为华为的宏观商业模式，就是产品发展的路标，是客户需求，企业管理的目标是流程化组织建设。同时，牢记客户是企业之魂。

上述这些管理的方法论是看似无生命实则有生命的东西。它的无生命体现在管理者会离开、会死亡，而管理体系会代代相传；它的有生命

则在于随着我们一代一代奋斗者生命的终结，管理体系会一代一代越来越成熟，因为每一代管理者都在给我们的体系添砖加瓦。每个企业都有自己的魂，企业的魂就是客户。当企业家在企业地位淡化的时候，企业才是比较稳定的。

——任总在"广东学习论坛"第十六期报告会上的讲话节选

（2004年4月）

第一节　理解流程型组织，从"对人负责制"转向"对事负责制"

众所周知，企业间的竞争，主要是三个维度的竞争：一是业务经营；二是业务运作管理；三是企业的道德和文化。

业务经营是围绕产品研发、市场营销、客户销售、售后服务等关键业务环节，不断为客户、为企业创造价值。

业务运作管理范畴非常广，一般包含以下主要方面。

战略与绩效管理：战略规划——年度业务规划——经营计划——组织绩效——岗位绩效。企业需要不断创新，实现战略转型与产业升级，从结构优化要效益，不断提高人效。

组织管理：组织设计——部门职责——岗位职责——干部管理——员工激励。企业需要从企业家个人的成功转向团队的成功，对每个员工、每个岗位、每一次激励形成责、权、利的精准匹配。

流程IT管理：流程架构——IT架构——流程IT建设——流程IT运营。"通则不痛，痛则不通"，企业需要从职能型组织转向流程型组织，开展数字化转型，打通企业业务运作的断点和卡点，消除业务痛点，提高企业运作效率。

生态资源管理：生态规划——生态建设——生态运营。企业需要从依赖单一资源转向整合资源和经营资源，构建基于市场的无限资源平台，实现企业可持续发展。

"一阴一阳之谓道，偏阴偏阳之谓疾。"业务经营与业务运作管理互为支撑，则企业向良好的方向发展。

有的企业属于"困而知之者"，在发展过程中，开始感知不到管理应该随着业务经营的增长进行"变化"，而是在运作环节中碰到很多失误后，不得已开展"头疼医头，脚疼医脚"的救火工作，类似于神医扁鹊，虽然"药到病除",但一个失误解决后,又"好了伤疤忘了疼",其他管理模块继续照原样我行我素,长期下去,形成"温水煮青蛙"的状态,导致企业发展缓慢、停滞不前或者走向渐渐衰败的方向上。

有的企业属于"学而知之者",善于学习先进企业的管理模式,在业务增长的同时就重视管理,类似于扁鹊二哥,在疾病初起之时即加以重视和治疗,不断地"适变应变",并持续地沉淀自身的成功实践经验,使得企业在诡秘莫测的市场和风云变幻的竞争中获得一定优势,在市场上站稳脚跟,然后各方面逐步更上一层楼。

有的企业属于"生而知之者",时时如履薄冰、事事如临深渊,如同扁鹊大哥,运用"治未病"的理念,洞烛先机,在看似健康之时即加以系统化的预防,业务上和管理上都"领导变化",长期坚持艰苦奋斗,长期坚持自我批判,不断主动革新企业的管理体系,业务增长如海阔天空,成为谦虚的行业领导者。

"不识庐山真面目,只缘身在此山中。"在华为公司工作期间,由于华为一切都建设到一个高度,笔者感受到经营与管理之间节律上的合拍;离开华为以后,与其他企业交流研讨,发现经营与管理之间存在巨大差距,才真切体会到华为管理体系的实用性、前瞻性和不断建设优化的必然性。

华为的成功实践表明,流程型组织是目前企业匹配市场发展、应对行业竞争、开展科学管理的有效方式之一。

流程是华为管理体系的基石。

流程,顾名思义,即业务流转的程序。流程最核心的目的是为企业业务主线的发展服务。什么是企业业务主线?企业业务主线是一切为外部客户服务并为外部客户不断创造价值的业务。

组织,在希腊文中,意为"和谐、协调"。

在中国文化中,组织常常用作"动词",且与纺织相关。如《诗经·尔雅》,治丝曰织。织,绘也。《孟子》:文公与之处,其徒数十人,皆衣褐,捆屦、织席以为食。

纺织都有经线、纬线。所以,基于字面的原始含义,组织作为名词使用时,表示一种和谐稳定的经纬机构。

流程型组织，指支撑业务按程序流转的、和谐稳定的、具备经线和纬线两个维度的机构。

华为管理有一个很重要的概念，"端到端流程为客户创造价值"，是指从客户和市场需求端出发，到满足客户和市场需求端去，实现客户和市场满意，除了两端外的其他中间环节，都为企业业务主线提供服务。

流程决定组织，以企业业务主线（纬线）为核心提出构建各个职能部门的需求，以流程为导向去检验企业每一个组织是否在业务主线上能直接或间接为客户创造价值、为企业创造价值；职能部门（经线）的主要目标则是构建能力，培育能力，提供能力；一般称之为"纬地经天"价值创造图（见图1），而这样形成的强矩阵式组织就是流程型组织的主要形式。

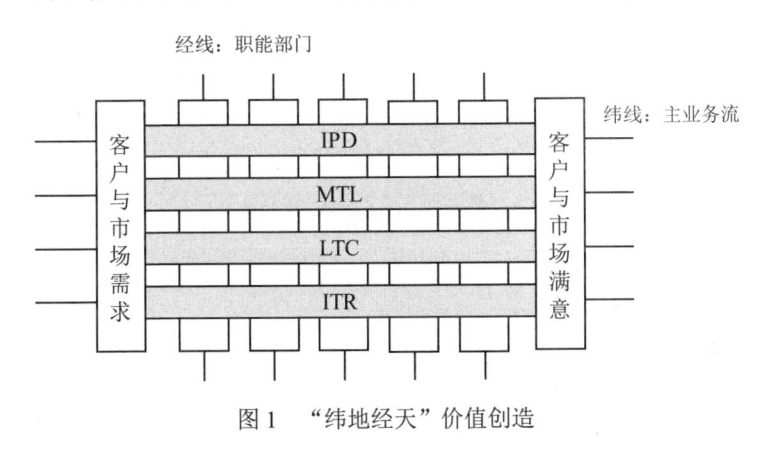

图1 "纬地经天"价值创造

流程型组织的导向是对客户和市场负责，对业务主线的最终成功负责，一切为了胜利；业务通过流程打通和规则被决策，从"以领导为中心"的"唯上"管理模式，转变为帮助客户商业成功的"以客户为中心"的"唯实"管理模式。

学习华为公司的流程，需要先理解华为公司的组织，从组织的角度研究华为的流程；从企业组织与华为组织的对比，看企业组织与流程型组织理念的差距。

组织和流程都是变化的，不能学组织是一个时期的，学流程又是另外一个时期的，这样必定造成误解，产生疑惑。这是目前很多企业学习华为时容易忽视的地方，华为的业务领域流程多的有十几个版本，如集成产品开发

（IPD）流程，少的也有3到5个版本，如从线索到回款（LTC）流程；华为的组织经过多次变化，至少有6个关键版本。如果到处听课，各个老师讲的流程版本、组织结构原理不一样，听回来自己去理解，就会出现矛盾的地方，所以学习华为，最重要的一点是，流程版本和组织结构必须是同一时期的。

根据流程与组织相匹配的原则，本章选择的是华为公司2018年的组织模型（源自华为公司年报）和2018年的业务流程框架（BPA）。书中的所有"打样模型"也是根据这个基础来适配的。之所以选择此模型：一是该模型是2014年开始形成，历经5到6年业务不断增长的实践检验，是业务成功的组织模型和流程模型（见图2）；二是该模型兼容性和扩展性很好，熟练掌握后，企业可以灵活变阵为"BU-MU模型"或"军团模型"。

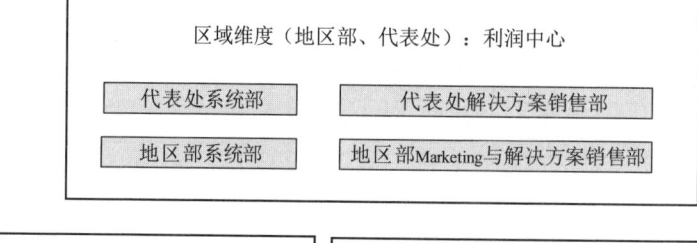

图2 华为公司2018年的组织模型示意

该组织模型有以下特点。

一是大平台支持精兵作战：一线精兵呼唤炮火，大平台实现资源共享，实现"以功能为中心"向"以项目为中心"的转变。对准目标，灵活机动，快速打赢"班长的战争"。

二是一线自主作战，统治与分治相结合：去中心化、减少决策层级，一线根据不同作战场景调配机关资源并按成本结算。公司沿着流程授权、行权、监管，既实现授权前移，又实现有效监管。

三是三维架构，互拧麻花：区域、客户/行业、产品的三维度组织架构共同对公司的利润、有效增长和客户满意度负责；在制定各维度战略规划和年度业务计划时，从各自的视角生成数据，互拧麻花，"自下而上"与"自上而下"互锁，以实现不同维度间目标一致，最终达成机会点到订货的业务目标。

区域维度：主要执行开发战略到执行（DSTE）流程、管理客户关系（MCR）流程、LTC流程、市场到线索（MTL）流程，是公司利润中心、作战指挥中心、区域客户群管理中心、区域层面的组织有地区部、代表处。其中代表处的营销人员、销售人员、服务人员代表华为公司直接服务客户并快速满足客户需求，代表客户驱动公司发展，称之为"一线精兵"。按地区部/代表处考核收入、利润和经营活动净现金流。

客户/行业维度：主要执行DSTE流程、MCR流程、LTC流程、MTL流程、供应（Supply）流程、采购（Procurement）流程，是面向客户/行业的解决方案、销售、服务组织，如运营商业务群（BG）、企业BG，对增长和客户满意度负责，是"准利润中心"；核心是职能组织形成的各军种，如Marketing、客户群销售、解决方案销售、服务交付、供应链、采购等。以运营商BG为例，运营商BG是一线Marketing、铁三角（AR、SR、FR）的"娘家"，向一线提供客户/行业解决方案、专家和知识等各种资源与服务，开展对一线的专业赋能，同时通过先进的数字化作战工具和作业工具提高一线工作效率，实现"大平台支持精兵作战"；同时制定相关业务规则进行监管，实现"寓管控于服务"。

产品维度：主要执行DSTE流程、IPD流程，运营商及企业/行业信息与通信技术（ICT）基础设施领域的产品提供商，负责产品领域的发展方向、产品竞争力和商业成功，是利润中心，按产品线考核收入、利润和经营活动净现金流。

第二节　建立打样企业模型，发布流程框架，任命流程责任人

华为有几千亿元年收入的体量，经过多年的发展和沉淀，管理人员及员工的素质模型、能力模型都有很高的要求。所以，企业理解华为大致总体的情况后，需要进行相应的适配。

经验表明，不在一个体量的情况下，不建议绝对地按照"先僵化、后优化、再固化"的原则去学习，那样的学习方式太过于厚重、教条了；不灵活，也不符合企业当前各方面的实际，很容易使"好好的变革学习"最后整成一堆"抱怨"，花了一大笔咨询费用和培训费用而最后没有落地；企业应从自己实际情况出发，发挥主观能动性，抓住主要矛盾和矛盾的主要方面，对准企业战略和业务痛点，取其精华，快速适配，不断迭代。

本书以制造业企业为模型举例，年销售收入为50亿元人民币，销售组织分为5个地区部，30+个国家/区域；有3个产品线，20个产品；主要客户为该行业大客户。

其组织结构参照华为公司2018年三维架构设计，做了一定的适配（与华为并不完全一致）。同理，读者在理解本书的流程、组织、角色、决策体系的原理后，可以自行设计和适配企业组织（见图3）。

该公司业务体系分为三个：销售体系、产品体系、业务群职能体系（BG），三个体系相互支持又相互制衡。

销售体系下设5个地区部（类似于"战区"），每个地区部下设6个代表处（国家）、交付服务部、MKTG与解决方案销售部等，按LTC、MTL、DSTE等流程运作。另外，销售体系下设置全球客户群销售部，作为地区部所有AR角色的"娘家"，提升AR军种的能力。

产品体系下设3个产品线L/M/N，按IPD流程、DSTE流程运作，设立3个集成组合管理团队（IPMT），每条产品线下设研发管理部、营销工程部以及六七个产品开发团队（PDT）。

图 3 "打样企业"组织模型示意

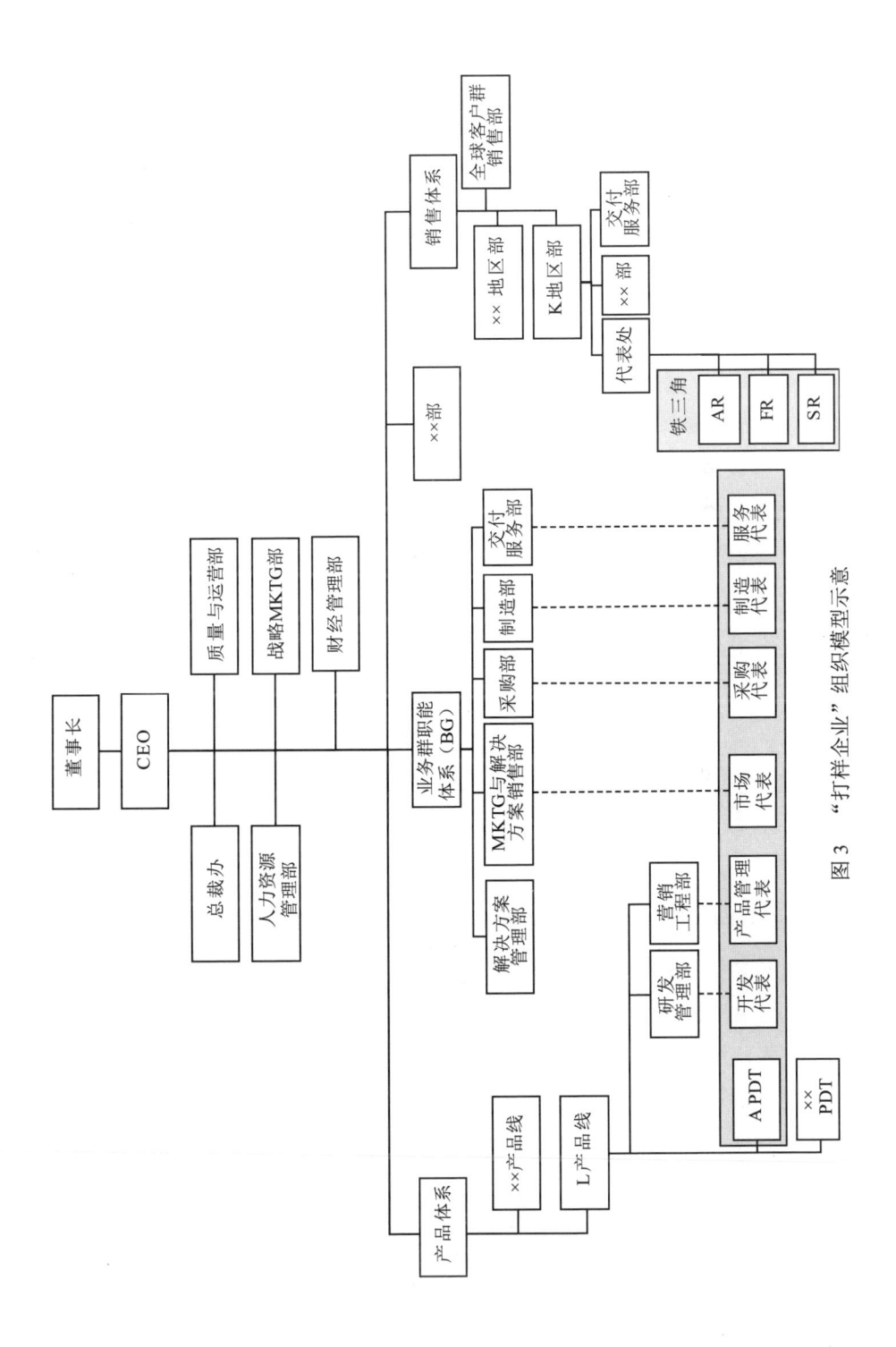

业务群职能体系（BG）为公司职能中心，设有解决方案管理部、MKTG与解决方案销售部、采购部、制造部、交付服务部等，负责"养兵"。例如，MKTG与解决方案销售部是地区部MKTG与解决方案销售部的"娘家"，也是IPD流程中市场代表的派出机构。按照LTC、MTL、DSTE、SD等流程运作。

在集团设置战略MKTG部，对产品线、BG和地区部中的战略职能和MKTG职能进行"行业管理"。

在集团设置有质量与运营部，对产品体系质量与运营部、BG质量与运营部、销售体系质量与运营部进行"行业管理"。

公司设立企业管理团队（EMT），EMT成员是主要的一级部门负责人。团队下设多个议题负责人，前期以预审委员会的形式开展工作，议题负责人召集委员会成员初步预审后，提交EMT进行决策。

- 战略与发展（SDC）议题：议题负责人为战略MKTG部部长。
- 产品投资决策（IRB）议题：议题负责人为IRB主任、IRB副主任。
- 市场营销（MDT）议题：议题负责人为战略MKTG部部长。
- 销售（SDT[②]）议题：议题负责人为销售体系负责人。
- 人力资源（HRC）议题：议题负责人为人力资源管理部部长。
- 财经（FC）议题：议题负责人为财经管理部部长。
- 变革（ESC）议题：议题负责人为质量与运营部部长。
- 客户满意与质量（CSQC）议题：议题负责人为质量与运营部部长。

各议题运作成熟后，成立正式的委员会决策组织，由EMT授权议题负责人决策，有争议时再上报EMT决策，提高一级部门负责人的端到端决策能力。

有人问笔者，学习华为的流程变革体系需要多久？禅宗的一句话可以为其解答，"一念天堂，一念地狱"。如果企业愿意承担流程变革的磨炼，当下立地成佛；如果企业不愿意承担，就是历经八万四千大劫，离西天还有十万八千里远。

学习华为第一件事，不是去学很多课，找很多咨询公司，而是找到唐僧，即内部有业务主官，主动承担流程负责人的职责，扛起西天取经的重任，因为变革成功关键取决于内心深处的意愿。

建议先按以下顺序学习。

- 首先学习关键组织阵型。
- 其次学习各个流程的决策体系，谁来决策，决策什么，对决策会议的要求如何闭环管理。
- 再学习各个流程的关键方法、模板、工具。
- 然后学习各个流程的架构（L1～L3）、流程图、流程集成。
- 最后反过来，从流程架构——流程图——方法模板——决策体系——组织阵型的顺序回顾，这样就整体通畅了，知其然且知其所以然。

怎样建设并维护好端到端流程呢？任何公司都需要开展流程管理的基线——业务流程架构（BPA），如表1所示。

表1　业务流程架构

运作流程 （Operating）	IPD（集成产品开发）
	Market to Lead（市场到线索）
	Lead to Cash（线索到回款）
	Issue to Resolution（问题到解决）
	Channel Sales（渠道销售）
	Retail（零售）
	Cloud Service（云服务）
使能流程 （Enabling）	Develop Strategy to Execute（开发战略到执行）
	Manage Client Relationships（管理客户关系）
	Service Delivery（服务交付）
	Supply（供应）
	Procurement（采购）
	Manage Capital Investment（管理资本投资）
支撑流程 （Supporting）	Manage HR（管理人力资源）
	Manage Finances（管理财经）
	Manage Business Support（管理支持业务）
	Manage BT&IT（管理业务变革和信息技术）

该架构的基本含义如下所述。

- 运作流程（Operating）：从客户界面看，运作流程指客户价值创造流程；从企业内部看，其又称为"主业务流程"。在这些流程中定义了如何向客户交付价值的关键活动和关键方法。
- 使能流程（Enabling）：根据主业务流程的需求，提供相应的能力，使得价值创造过程中竞争力最强、效率最高、成本最低。
- 支撑流程（Supporting）：通过提供公共服务，维系公司正常运行，同时提高运作效率，降低公司运作风险。

之前多次给企业讲解BPA，由于专业词汇太晦涩，效果并不是很好，下面从"军改思路"角度，为"打样企业"适配并阐述的BPA如表2所示。

表2 "打样企业"BPA

类比参考	流程	全球流程负责人	全球流程控制者
军委管总	DSTE	战略MKTG部负责人	战略MKTG部质量与运营负责人
战区主战	IPD	IRB负责人	IRB办公室主任
	MTL	战略MKTG部负责人	战略MKTG部质量与运营负责人
	LTC	销售体系负责人	销售体系质量与运营负责人
	ITR	交付服务部负责人	交付服务部质量与运营负责人
军种主建	MCR	客户群销售部负责人	客户群销售部质量与运营负责人
	SD	交付服务部负责人	交付服务部质量与运营负责人
	Supply	供应链负责人	供应链质量与运营负责人
	Procurement	采购部负责人	采购部质量与运营负责人
联勤服务	Manage HR	首席人力资源官（CHO）	人力资源管理部质量与运营负责人
	Manage Finances	首席财务官（CFO）	财经管理部质量与运营负责人
	MBS	总裁办负责人	总裁办质量与运营负责人
联合参谋	MBT&QO	首席运营官（COO）	公司质量与运营部运作管理办

- 企业建立 DSTE 流程以总揽全局，类似"军委管总"；着重于企业的整体规划、整体运营、整体资源获取。
- 企业建立三大主业务流程，分别在产品（研发战区）、细分市场（营销战区）、区域（销售战区）对利润/增长/客户满意度负责，类似"战区主战"。
- 企业建立客户关系、交付、供应、采购等功能领域流程，为主业务流程提供资源和能力，类似"军种主建"。
- 企业建立人力资源、财经、业务支持等流程，为业务流程提供服务和保障，类似"联勤服务"。
- 企业建立"管理质量与运营"流程，通过质量与运营组织开展企业变革、运营和数字化转型工作，类似"联合参谋"。

这样不仅便于理解、记忆和传播，而且符合中国企业的实际情况。大部分企业在一到两年内不太可能完全达到"从客户和市场需求到客户和市场满意"的无为而治的高度，中间需要过程，且这个过程比较漫长，约5至10年。所以，在变革过程中，企业还需要将"战略到执行"作为管理整个企业的顶层抓手。

企业流程架构 BPA 既有客户导向，体现出来以客户需求为出发点，又有战略导向，自上而下贯穿整个组织，二者并不矛盾，而是相辅相成。在业界流程架构模型中，POS 三分法模型（Plan 规划层、Operation 运作层、Support 支持层）中，战略管理是规划层流程；OES 三分法模型（Operating 运作流程、Enabling 使能流程、Supporting 支撑流程）中，战略管理是使能流程。笔者更倾向企业整合两种模型，灵活运用。

所以，企业首次进行变革时，不建议追求学术上的 BPA 架构完美论证，只要实用，而不是优中选优，适合企业当下3年内使用的东西就是最好的东西；可以参考此方案进一步适配并快速发布 BPA1.0 版本，任命全球流程负责人（GPO）及全球流程控制者（GPC），找到人，对齐语言，边建边用边改，每年迭代更新发布一次 BPA 版本，在改良中前进。

流程负责人必须从业务主官中选拔，尽量遵循任总提出的"七反对原则"。

- 坚决反对完美主义。
- 坚决反对烦琐哲学。
- 坚决反对管理上的盲目创新。
- 坚决反对没有全局效益提升的局部优化。
- 坚决反对没有全局观的干部主导变革。
- 坚决反对没有业务实践经验的人参加变革。
- 坚决反对没有经过充分论证的流程进入实用。

有人说，我们企业没有这么符合条件的，没有这么能干的人，怎么办？

首先把这个位置上没有干过业务的人员放到业务部门锻炼；然后由CEO兼任该领域流程负责人，选拔一个干过业务的人员担任副职，由CEO亲自带领培养。比如，公司需要做HR变革，但人力资源管理部部长从来没有做过业务主官，只做过人力资源的专业岗位，那么该人力资源管理部部长是不适合担任HR流程的GPO的，也不适合做人力资源管理部部长。

当然，从另一个角度看，大家认为这可能是比较极端的做法。但是，至少要有这个方向，要让企业高级干部有危机感，而不是舒适感，"忧劳可以兴国，逸豫可以亡身"，CEO在变革中必须敢于折腾，以霹雳手段显菩萨心肠，"妇人之仁"是管理不好企业高级干部的，华为对高级干部每年一定比例的刚性淘汰，不管高级干部的工作做得多好，只要是位于该比例的绩效末位，就不能再胜任该管理岗位，就得换人再上，这样才能激励高级干部不断进步。

华为公司还要求一线业务主官必须既懂业务又懂流程；既能做好业务，也能做好流程变革。记得某一级流程变革领导组会议上，X总现场用电话突然考试X地区部总裁："我现在以XX流程GPO的职责考试你，XX流程有哪几个L2模块，每个L2模块的核心含义和要点是什么"，该地区部总裁面对突如其来的问题，一时没有答好。X总严肃批评："限3个月内彻底搞懂，并向变革领导组汇报，否则启动弹劾程序。"后来地区部总裁亲自严格抓地区部XX流程推行，亲自给下属赋能，最后该地区部成为全公司该流程变革推行年度排名第一地区部，地区部的业绩排名前三。

从流程建设顺序角度，可以优先考虑建立的一般是"战略到执行"流程，以确保公司业务战略的制定和执行有科学的方法进行开发和闭环管理，"战略的制定和执行过程与战略本身同等重要"，由战略 MKTG 部负责人担任责任人，董事长和 CEO 为发起人。

其次，建立"管理业务变革、质量与运营"流程，该流程包含变革、流程、IT、质量、运营多个方面，首席运营官（COO）为建设负责人。华为有一个核心要求，即"变革按项目来管理，流程按照版本来发布，IT 按产品来开发"，其内涵即通过此流程进行定义。如未建立此流程，则容易出现变革项目混乱，流程版本泛滥，IT 系统烟囱林立，许多公司学华为碰到非常大的困难，半途而废，甚至功亏一篑，与这个流程没有建好或没有执行运营好有很大关系。同时，COO 必须有 2 年以上产品线负责人或地区部负责人业务成功经验，才能真正做好 COO 的业务，建设好这个流程；有些公司 COO 为专业线升职而来，没有做过一级或二级业务部门主官，是不可能做好该流程的。

最后，根据业务战略和变革规划，生成变革项目，逐步建设和夯实其他流程。

企业应该循序渐进开展管理体系建设，从自己的现状出发，先建立变革路标，防止走向另一个极端，即重管理轻经营。

很多企业在管理体系建设中，忽视了快速解决实际业务问题的需求，让管理体系的落地过于复杂化，东学一下，西学一下，很长时间也没有形成企业自己的简单精练的管理之法，经营也上不去，这样就事倍功半，南辕北辙了。有时候，企业管理太多，而员工执行力不行，这个时候需要管理上做减法，聚焦经营；并从经营的短板上，识别业务痛点，实施管理变革的快赢方案。

企业管理团队如果两三个月对学习和打样还没有取得一致意见，则大事宜缓，可能变革条件不具备，时机未到，变革慢慢来为好，否则越变越糟糕。

第三节 成立变革管理团队，启动变革项目

1. 高位统筹变革治理，业务专家承担变革项目经理

变革规划落地非常有专业性，需要有常设组织进行"看护"（见图4）。

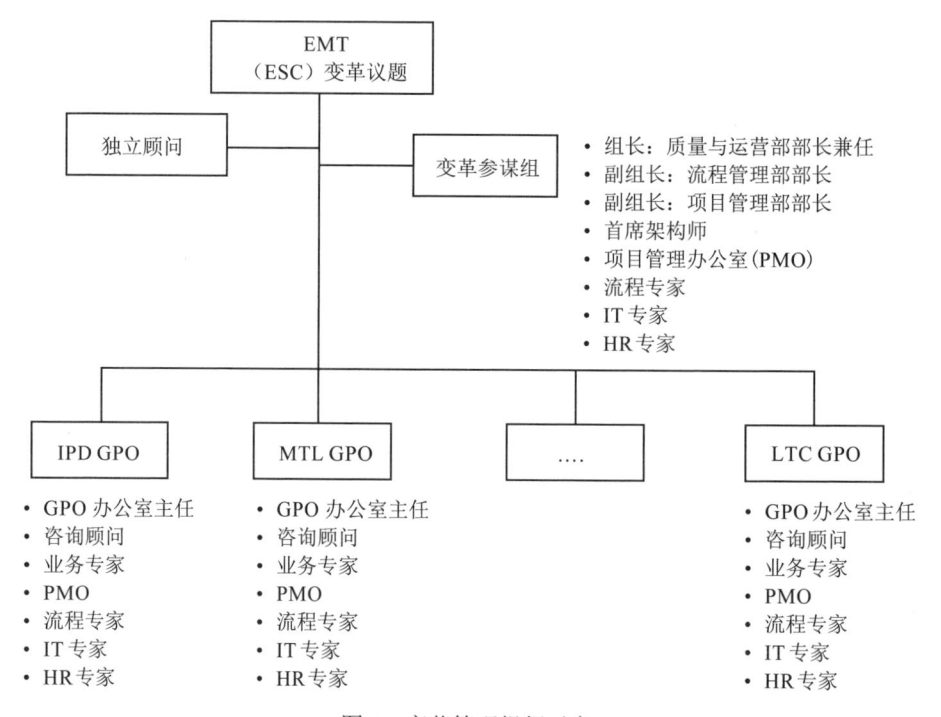

```
                    EMT
                  （ESC）变革议题
                         │
      ┌──────────────────┼──────────────────┐
   独立顾问                              变革参谋组
                                        • 组长：质量与运营部部长兼任
                                        • 副组长：流程管理部部长
                                        • 副组长：项目管理部部长
                                        • 首席架构师
                                        • 项目管理办公室(PMO)
                                        • 流程专家
                                        • IT专家
                                        • HR专家
      │              │              │              │
   IPD GPO        MTL GPO          ....         LTC GPO
• GPO办公室主任  • GPO办公室主任              • GPO办公室主任
• 咨询顾问      • 咨询顾问                   • 咨询顾问
• 业务专家      • 业务专家                   • 业务专家
• PMO          • PMO                        • PMO
• 流程专家      • 流程专家                   • 流程专家
• IT专家       • IT专家                     • IT专家
• HR专家       • HR专家                     • HR专家
```

图4 变革管理组织示意

EMT（ESC）变革议题主要决策内容如下。

- 变革。
  ‣ 变革规划：变革战略规划用来确定变革愿景和变革路标，变革年度规划用来确定变革项目清单、预算和项目级别。
  ‣ 变革项目关键里程碑点的输出。

- ‣ 变革项目关键人员的任命。
- ‣ 变革激励。
● 流程。
- ‣ GPO 的任命。
- ‣ GPO 对其他人员的行权和弹劾。
- ‣ 流程架构 L1～L3 的发布和调整。
● 数字化转型。
- ‣ 数字化转型蓝图。
- ‣ 4A 架构（业务架构、应用架构、信息架构、技术架构）。

开展变革中，关注如下要点。

一是设立外部独立顾问，进行第三方评审：该独立顾问不同于各领域变革落地的咨询顾问，是综合型的专家；与各项目的咨询顾问"互锁"，相互PK，以确保变革方案的准确性。在华为公司，首席科学家为组长的业界顶级顾问团，每次在 ESC 汇报前，由他们给出中立的、客观的意见，笔者多次参加 ESC 会议，每次议题经他们预审时，的确感觉到"经验""视角""能力"上的差距。变革成功关键在于"明白人"，下决心做好变革，就得请一到两名独立顾问看护整个变革过程。

二是变革参谋组承担变革的使能和预审职能：保证变革与公司的业务战略相一致。

- ‣ 管控组织及相关角色、职责。
- ‣ 规则管理：架构、变革相关的政策/指引、标准等。
- ‣ 绩效管理：跟踪变革过程，评估管理体系的效率，从公司层面开展流程成熟度评估。
- ‣ 变革项目管理：通过 PMO 对所有变革项目进行闭环管理。

三是各领域变革组织：承担本领域变革项目的规划、落地。其中，GPO 的主要职责如下所述。

- ‣ 承接公司流程及变革管理的要求，在公司 ESC 的指导下，负责流程运作的监控和执行，并组织流程的建设与优化。
- ‣ 负责流程管理要素（架构、内控、数据、质量和 IT 等）的落地。

四是变革一定需要优秀的业务专家参与，而且选取其中最优的业务专家作为变革项目的项目经理。以 LTC 变革为例，变革项目组织结构如图 5 所示，其中人员可以复用。

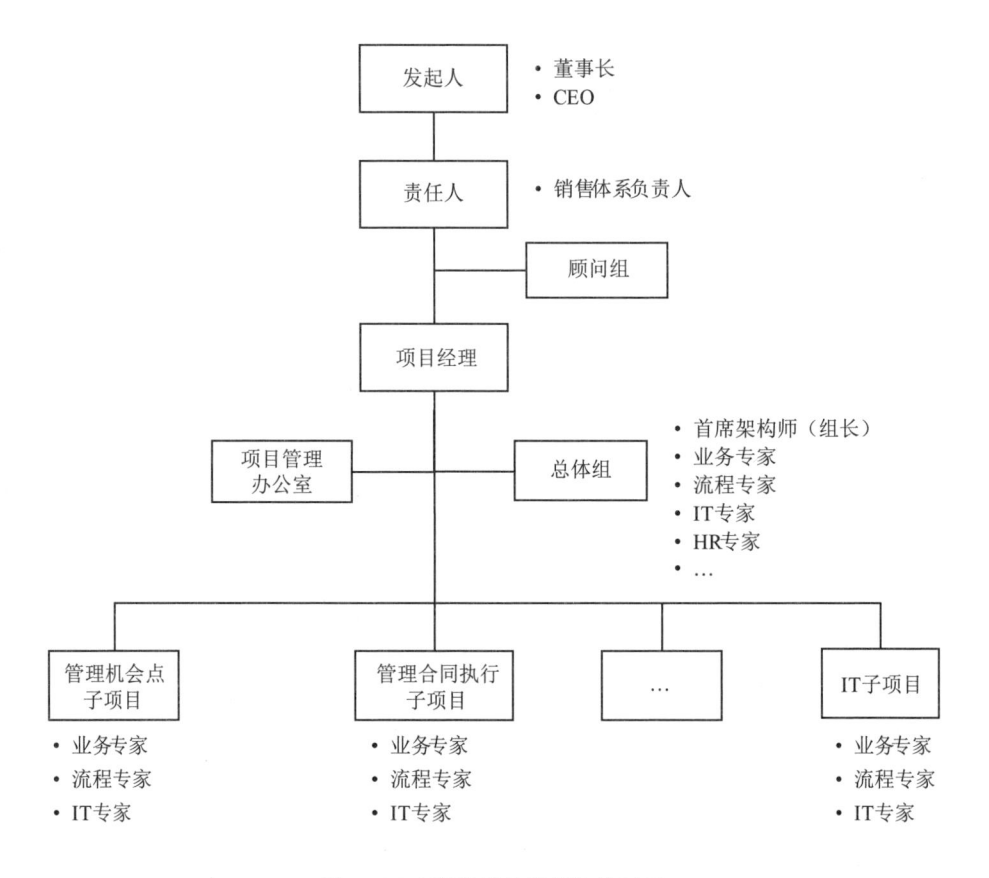

图 5　LTC 变革项目组织结构示意

一个常见的变革项目过程，主要包括以下阶段和内容，它借鉴了 IPD 流程的原理，将流程作为产品来开发，明确项目的范围、进度、质量、收益，如表 3 所示。

五是发挥 HR 领域在变革中的作用，使其成为变革推动者。

变革战略是企业战略的重要组成部分，业界常用的战略规划 BLM 模型同样适用。领导力 / 氛围 / 组织 / 人才对变革有非常大的影响。

表3 变革项目过程

阶段	目的	主要活动和交付件
立项阶段	明确目标/范围/计划	• 组建和任命变革项目组 • 准备作战室（此点非常重要，变革项目需当作一线项目来对待） • 进行业务现状调研，收集业务痛点 • 确定目标并界定范围 • 制定项目初步计划 • 确定项目利益干系人并制定沟通计划（此点很多企业没有明确，从项目管理的角度，成功的项目经理80%的时间花在沟通上） • 在ESC会议上立项 • 组织开工会
概念阶段	进行需求分析	• 从业务场景、业务价值、效率/成本/质量、流程边界等角度进行分析 • 从业务规则、角色、职责、信息流/IT等角度进行分析 • 明确变革需求包、工作量、所需资源
计划阶段	设计变革方案	• 设计流程方案 • 设计组织方案 • 设计决策体系方案 • 设计IT方案（可选） • 在ESC会议上进行总体方案汇报
开发阶段	开发变革方案	• 输出流程架构（L1~L3） • 绘制流程图、编制流程文档 • 流程与组织进行匹配 • 建立决策体系 • 进行IT开发和优化（可选）
验证阶段	进行试点验证	• 选择试点策略，明确试点对象，成立试点项目组 • 输出试点方案包 • 输出赋能材料并对试点项目组进行赋能和培训 • 进行试点 • 对试点结果进行分析，并修改方案 • 进行推行准备度评估，确定推行策略和推行计划
推行阶段	全面推行	• 在ESC会议上进行推行决策点汇报 • 进行组织调整 • IT上线（可选）

HR 领域应该理解变革需求，在变革项目启动时，应与 PMO 一起，帮助业务主官做好变革准备，确定变革方案，制定利益相关人沟通计划，积极主动影响变革相关利益者，做好变革沟通。

在变革实施过程中，负责组织、人才、氛围方面的变革实施，及时发现并解决问题，防范可能出现的风险，并提供相应的解决方案，促进变革成功。

"天下熙熙，皆为利来；天下攘攘，皆为利往。"变革是一件非常有挑战性的工作，也有"风险"，因为变革总是要"变"的，一定会有一部分人利益重新分配，做变革的核心人员，一定会"得罪"一部分人。因此，要想让人充满动力做变革，HR 领域还必须洞察人性，设计好变革激励机制，包括物质激励和精神激励，激发人的变革热情。在变革激励上，给变革项目更大的空间，推动变革项目关键成员如项目经理、总体组组长、PMO、子项目经理等可以获得公司一线岗位的激励。

笔者在 5 年的专职变革项目工作中有深刻体会，经过 3 年的专职变革项目核心岗位的历练，绩效名列前茅后，收到 HRBP 的邮件和电话，被告知成为业务部门变革领域首批破格升级专家；职级和待遇都有提升，岗位称重也等同于一线岗位，内心自然而然对工作的荣誉感倍加珍惜，也更愿意挑战更有困难的工作，敢于承担更多的责任。

2. 开展流程变革赋能松土，让"最优秀的人"培养"更优秀的人"

全员作为赋能对象，GPO 或 GPC 担任赋能老师，制定详细的赋能计划并进行考核闭环。业务主官以身作则，首先自己理解和遵从流程，理解和拥护变革；其次带领和赋能他人理解和遵从流程，理解和拥护变革。这样，公司流程型组织的建设才能落地。

"基础不牢，地动山摇"，最基本的往往最具有全息性。

"万事开头难"，如首次赋能真正掌握并实践以下内容，流程与变革则成功一大半。

- 理解业务、流程、IT、组织、质量、运营的关系。

详见夏忠毅的《为客户服务是华为存在的唯一理由》的 159 页，建议熟读原文，全员学通学透，

- 理解流程成熟度模型评估；本企业的评估结果如何，如何改进？

首先，企业做流程变革时，建议参考迈克尔·哈默和丽莎·赫什曼的《端到端流程管理——为客户创造真正的价值》一书中的描述（P215），先做一次流程成熟度模型评估。

该模型从流程设计、流程员工、流程所有者、基础设施和指标5个方面13个因素，将流程成熟度分为P1至P4四个级别。这是企业评估流程管理现状的工具之一。

最好的情况，是企业自己适配出GPMM模型（全球流程成熟度模型），然后自己打一次分，做到对企业流程的总体把握，只有明白了自己现在在哪里，才知道应该怎么去达成流程变革愿景。

其次，将流程成熟度的评估目标值通过平衡计分卡的方式纳入业务主官的KPI考核，夯实流程责任，这是流程运营的第一步。

最后，通过季度流程遵从性检查（CT）、半年度审计（如SACA）、年度流程成熟度评估实现流程运营闭环管理，如图6所示。

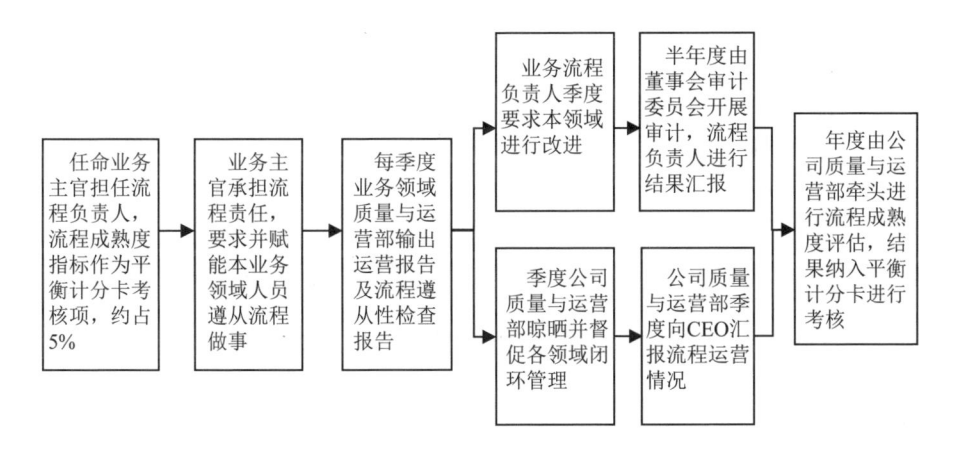

图6 流程运营闭环管理示意

- 理解流程架构的作用。

企业是一个复杂的系统，为了运转好系统，必须选择相应的业务领域范围、视角、层次进行架构设计，才能在企业内建立统一的工作语言和思维模式，提高系统运行的效率和稳定性。

比如人体，西医从看得见摸得着的现象出发，会分析部位（头、手、足）、骨骼、血液、内脏等，而中医则会分析五脏六腑、十二正经、奇经八脉，以及人与天地相应的五运六气等。这是不同的视角产生不同的架构和思维模式。

流程架构通过对企业业务进行分层、分类和解析，结构化具象化地描述企业如何进行价值创造的工作过程，反映了企业的战略、商业模式及业务特点。

我们常说"战略决定业务，业务决定流程，流程决定组织，流程驱动IT"，如图7所示，即企业存在一个战略与架构关系模型，流程架构是模型的中心基石，如果流程架构没有做好，整体必有更大的偏差。

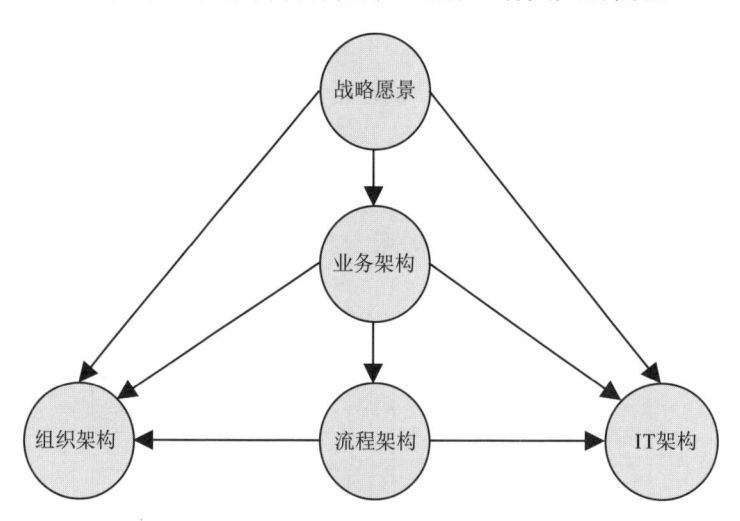

图7 战略与架构关系模型示意

- 流程架构主要有以下作用。
  - 支撑战略落地和企业运营：在华为一二层业务主官的办公室，都挂有该业务领域的流程架构图、流程集成图，帮助业务主官工作时，一方面理解信息流、资金流、人流、物流如何在业务中集成，理解战略与业务流程、业务流程与业务流程之间的全局性和关联性，这样就可以看到本领域需要做的事情有哪些，为了做这个事情需要哪些部门协同。另一方面，当业务主官经常碰到客户和一线反馈的类似问题时，可以及时发现业务盲点和业务冗余点，从而提出业务持续改善的方向和要求。
- 推动流程型组织建设：通过流程架构可以清晰确定业务领域在各个层级的流程责任人，从而落实流程责任；同时指导组织架构设计，帮助企业建立流程型组织。
- 简化流程建设和 IT 建设：流程架构基于 L1～L6 的结构化分层，便于进行标准化通用化设计，有效避免重复建设或盲目建设。

- 通读并理解《华为基本法》，笔者认为《华为基本法》是研究和学习华为的基础，从公司治理上进行了正本清源；企业有时候问的一些问题，在《华为基本法》中其实都有很好的答案，远超笔者一些思考，本书中也摘抄了几个相关点，供大家参考。
- 了解《华为公司年报》2013 至 2022 年的年中公司治理架构、组织架构方面的内容。
- 站在巨人的肩膀上，书末所示参考文献都是业界专家的真知灼见，大家可以在变革过程中常学常新。

研讨与演练

1. 比较公司与华为在治理架构、组织架构上的异同点。
2. 公司的组织架构如何调整才更有利于作战、产生价值、提高客户满意度？
3. 研讨并输出公司 BPA1.0，并任命 GPO 和 GPC。
4. 流程责任人的责、权、利是什么？
5. 研讨并输出公司的流程成熟度模型。
6. 公司的流程架构与组织架构有什么关系？

关键问答

1. 什么是好的流程？

好的流程，具备三要素：胜利、简易、畅通。

胜利：流程的目标是获取业务胜利，而不是取悦机关的人、取悦领导。胜利，才意味着正确，才会有很多人愿意用。如果业务一边做流程变革，业务效益却一边下降，那需要尽快停止流程变革。

简易：华为流程是主干清晰，末端灵活，即"前端个性化、后端标准化"。

什么是简易流程？就是端到端，以最简单和最有效的方式为客户提供及时、准确、优质、低成本服务。达到的业务结果：一是提高客户满意度；二是提高单位生产效率；三是可以减掉一批在审批节点的干部，从而降低成本。

以报销系统为例，过去的报销系统是先人工审核、再报销，周期比较长，而且审批干部比较多；而创新型报销系统，是先基于授信报销、再监管，这样信用等级越高的报销越快速；然后通过 AI+RPA 机器人扫描 PDF 发票文件进行监管，发现不遵守报销规定的，直接调低其信用等级。这样大家都愿意主动遵守报销流程的业务规则，减少了很多不必要的审批环节和审批人力。

畅通：在一线设计，在现场能走通的流程一定畅通；反之，在机关办公室设计，督促一线现场走通的流程必然出现卡点。一线现场的场景很多，各种各样的场景会去验证流程方案，可以很快实现从一线向机关的反向打通。

2. 什么是流程责任制？

流程责任制是建立在流程遵从基础上的业务目标责任制，即根据企业各个流程定义的工作环节，明确工作岗位的职责权限和利益，各司其职，各负其责；并进行考核及奖惩。

华为公司确立的是对事负责的流程责任制，将权力授予给最明白业务并对业务结果负责、最有责任心、最遵从流程的人。比如，对一线代表处/地区部来说，他们是对合同、对回款、对市场竞争力负责；对BG来说，流程责任制的内涵就是要及时准确地为一线提供服务和支撑，支持作战，多打粮食。

对事负责制是一种对客户负责、对结果负责、对标准负责、对制度负责的管理体系，它是一种开放授权的体系，而不是对人负责的收敛控制体系。

3. 组织设计的关键点有哪些？

组织通过流程中的角色形成的专业分工和协作去实现业务战略，一个高效的组织由清晰的岗位构成，内部责权利对等，明岗明责明权明利；决策层、管理层、执行层层级分明，监督机构与执行机构合理分设，不能既当运动员又当裁判。

组织设计的内容主要包含：

- 该组织如何支撑战略。
- 该组织执行的主要流程。
- 组织架构，比如职能型组织、事业部型组织、矩阵式组织、流程型组织、网络扁平型组织等。
- 该组织的决策机制，比如委员会决策模式、部门主官决策模式、项目经理决策模式等。
- 该组织的管控模式：比如，战略管控型、财务管控型、运营管控型。
- 组织目标和责任。
- 职位设计，聚焦精简和落实责任，审视必要性、整合性和唯一性。
- 激励机制，更关注业务结果和能力提升，而不是行为。

▸ 组织文化。

4. 职能型组织与流程型组织的关键差异点在哪里？

职能型组织是按职能如销售、采购、研发、制造等履行相关管理责任的组织。其特点是高度专业化的分工、高度集中的决策权，常常以企业内部资源为中心开展工作；适合规模较小、业务单一、产品种类较少的企业。

流程型组织是按业务场景、业务过程、业务规则的要求，以客户为中心开展工作并履行最终价值创造责任的组织。其特点是以客户界面的需求为导向、基于流程的职责分工和合作、基于流程的授权和行权去解决客户问题，适合规模较大、业务多样化、产品种类较多的企业。

5. 矩阵型组织中，企业如何处理好业务线和资源线的矛盾？

主业务流程的要求是对客户负责、对业务负责，是公司核心价值观的具体体现，各级业务主官需要把公司的核心价值观和流程要求内化于心，实现自我驱动，内外部客户就是"上帝"，把工作当作自己的信仰。

业务线负责项目按里程碑的端到端交付；资源线负责本部门的能力建设（模板/工具/内部分享等），同时对本部门的交付质量负责。业务线与资源线既有相互配合，又有相互制衡。资源线服务业务线，但业务线也不能随意强占不必要的资源。

员工个人绩效承诺（PBC）的签订内容既有服务好业务线项目（约60%），又有资源部门的内部要求（约40%），考评是综合考评，激励是部门激励（薪酬、任职资格）与业务线激励（年度奖金包、项目奖）相结合。资源线领导应鼓励员工在项目中作战，提高贡献产出和实战能力，也为本部门争光。

6. 如何开好决策会议？

观察几家企业，发现一个问题，有些企业不知道怎么开好会，比如战略管理领域，企业高层甚至反馈"战略会都没有起到作用"。

这很容易导致公司运作效率低下，人力被会议大量占用，无端消耗巨大的成本。

会议是企业沟通工作的最重要方式之一，如果跨部门的会议都组织不好，执行不好，那肯定无法开展要求更严格的流程化工作，良好的会议开展方式如图8所示。

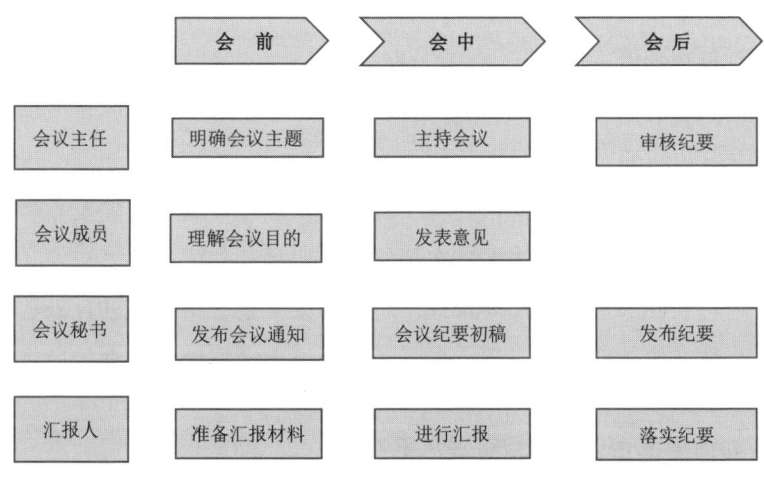

	会前	会中	会后
会议主任	明确会议主题	主持会议	审核纪要
会议成员	理解会议目的	发表意见	
会议秘书	发布会议通知	会议纪要初稿	发布纪要
汇报人	准备汇报材料	进行汇报	落实纪要

图8 会议开展方式示意

- 会前。
  - 明确会议目的：矩阵式组织一般都是决策会，项目经理需要就决策点在会前与利益干系人沟通，并在汇报材料中附上利益干系人的明确意见，让所有成员事先了解为什么开会，预期要取得什么结果。
  - 明确会议成员：通知什么人员参加，有无不该参加者，有无未通知到的人员，参加会议的成员需要能全权代表职能部门。
  - 明确会议时间/地点：确认会议成员是否能现场参加，或远程接入。
  - 会前提供有效信息：会议通知中可以附上议题的决策点。
  - 会前预审材料：对重要的决策会议，可以在会前组织额外的预沟通会议，当面征求关键利益干系人的意见。
  - 会议议程。
  - 会议中所需的物品：录音笔、投影、笔、纸、饮用水等，会议的布置与会议的目的相一致。

- 会中。
  - 会议主任需要主持会议，并提醒各成员认真发表意见，让每位与会者都有发言的机会。
  - 会议秘书需要实时做好会议记录，并将纪要初稿在议题结束前给所有人确认。
  - 依据会议议程、纪律的控制：严格控制会议时间，防止漫议。
- 会后。
  - 尽快输出会议纪要，并提交会议主任审核，通过邮件发布会议纪要并及时通知项目经理落实纪要。
  - 对会议遗留问题闭环管理，所有会议决定必须付诸的行动要执行，没有按时解决的问题，在下一次会议上通报警示处理。

7. 如何提高企业的项目管理水平？

企业的项目一般有产品开发项目、销售项目、营销项目、变革项目、基础设施建设项目等，这些项目是企业工作的细胞，需要有严格的方法提高项目成员的能力，才能使企业的工作不断进步。

首先，项目核心成员要参加业界的项目管理体系认证，比如笔者当年在战略 MKTG 体系担任 Charter 开发的项目经理，以及在 IPD 流程中作为产品管理代表参与产品开发项目，公司要求必须通过 PMP 认证才能上岗。只有外部认证，成员才有动力去真正掌握新的知识点。

其次，建立项目工时系统，项目成员参与所有项目的工时得到客观的记录，这些工时的工作成果得到项目经理的及时评价，成员通过实际参与项目，"干中学"提升能力。

最后，成立项目管理部，对公司全员进行赋能，并对优秀实践进行分享；同时与人力资源管理部共同设置项目管理任职资格体系。

8. 项目经理如何开展自我角色认知？

业界对项目经理角色有很多比喻，如乐队指挥，所有成员在乐队指挥引导下节奏一致演奏乐曲；如唐僧作为西天取经项目经理带领孙悟空、猪八戒、沙僧、白龙马等项目成员与合作方西天诸菩萨、天界诸神仙一起降妖除魔，历尽千难万险取得真经等。

华为公司项目经理的基本角色认知如下所述。

团队领导者：将自己打造成对项目成败负责的领导者，凝聚和稳定团队，合理并有效处理好与各成员的人际关系，促进团队成员互动，改善团队整体氛围，通过辅导下属，促使下属取得成功而使整个项目成功，以提高项目绩效。

项目经营者：创造良好的客户体验，不断提高客户满意度，有效控制项目成本，为企业创造利润，达成业务经营目标。

一线决策者：得到上级的充分授权，"将在外，君命有所不受"，一个成功的项目经理不能人云亦云，而是时时心中有"定盘星"，能依据项目进展在各里程碑点上进行授权范围内的决策。

计划控制者：整合项目目标并进行任务分解和计划制定，有条不紊地开展项目，识别并控制项目风险。

资源协调者：具备专业的知识、出色的协调能力，不断整合各方资源，推动项目成功。

9. BSC、KPI、OKR 等考核模型的异同点。

BSC（Balanced Score Card，平衡计分卡），是哈佛大学卡普兰教授和 RSI 公司总裁诺顿创造的组织绩效评价工具，通过财务、客户、内部流程、学习与成长四个维度对战略规划进行衡量，体现了战略目标与年度目标的平衡、财务目标与非财务目标的平衡、组织外部要求和组织内部目标的平衡、结果指标与过程指标的平衡、领先指标与滞后指标的平衡。BSC 主要适用于管理层岗位。

KPI（Key Performance Indicator，关键绩效指标），其理论基础是经济学家帕累托提出的一个经济学原理"二八原理"；聚焦关键目标和指标，并与战略和预算形成闭环系统。特点是从上至下分解，为员工提供明确的工作方向，督促员工达标并定期检视团队的绩效。KPI 主要适用于以目标为导向的岗位。

OKR（Objectives and Key Results，目标与关键成果），由英特尔公司创始人葛洛夫提倡，要求各个层级的管理者和员工用统一的标准形式对准目标并描述工作。其特点是鼓励员工在目标设定和关键结果制定过程中充分发表意见并形成执行计划，同时对重要过程进行管控和评估，并根据实际情况进行调整，以确保关键结果的达成。OKR往往用来评价项目。

由此可见，这三种工具并不是相互排斥的，企业可以在不同的业务场景运用这三种模型并充分发挥各自的优势，不断提升企业业绩和员工绩效。

10．成功管理好企业有没有比较轻松的办法？

有。

企业的成功取决于企业家的个人素质和企业管理团队的整体素质。"强将手下无弱兵""兵熊熊一个，将熊熊一窝"。企业家首先应该是一名哲学家、思想家，需要有自己的独门经营武器，才能打造长盛不衰的伟大企业。

真正的企业家应学做刘邦，而不是学做项羽。论个人能力值和武力值，刘邦是不如项羽的，但是刘邦信任下级，武有韩信，文有张良，后勤有萧何，团队的综合力量高于项羽，所以刘邦最后成为胜利者。

企业家要关注最重要的五件事。

一是客户满意度，目的是让企业永远有外力鞭策前进。

二是战略和未来，目的是把握企业的主航道。

三是基于流程型组织的变革，目的是把事情做好。

四是高级干部管理，目的是从源头管好人，把权力授予给组织信任的人。

五是企业文化建设和激励建设，目的是从精神和物质两方面凝聚人心。

企业家需要学会花钱请业界领军人物，并学会授权和真正信任下级，而不必事事亲力亲为。

11．华为为什么成功？

这是很多客户问笔者的问题。

"横看成岭侧成峰,远近高低各不同",各人有各人的理解和体会。

笔者认为华为成功的基因:对"人、财、物、事"根据不同时空的变化进行了科学有效的创新运用,不断形成万事圆成、和谐发展的局面和态势。即:用对人、分好钱、管好物、做对事。

12. 华为如何用对人?

干部必须在愿景、使命、价值观方面与公司高度保持一致。

在华为,高级干部必须具备讲解愿景、使命、价值观的能力并在行为上长期示范。

这一点笔者做咨询的时候多次体会过,经营好的公司,高级管理人员都能深刻理解公司愿景、使命、价值观,不仅能够给他人讲说清楚而且能够身体力行。而经营不好的公司,有的高级管理人员背诵不出来,有的背诵出来但没有真正理解,有的理解了但没有力行。

- 干部必须具备优良的品德与严肃的工作作风。

干部的德,核心体现在以客户为中心开展工作,实事求是,坚持原则,承担业务责任和流程责任,同时需要在工作作风上遵循华为干部八条的要求。

- 干部必须带领团队在任期内持续取得高绩效。
  - "茶壶里的饺子"在华为不被承认,优先从成功团队中选拔干部。
  - "宰相必起于州郡,猛将必发于卒伍"。优先从主战场、一线和艰苦地区选拔干部。
  - 没有达成绩效目标的部门,正职调走后,该部门副职或其他人员都不可以升为正职。
- 干部必须具备全球化视野、综合能力与多业务成功经验。
  - 干部必须有海外经验。
  - 干部在一个岗位工作三年后,必须轮换。

13. 华为如何分好钱?

任总根据自己的人生经验,从"财散人聚,财聚人散""与奋斗的人共富贵"的朴素理论出发，感悟到应该与奋斗者分担责任和权利，分享收获和利益。

华为采用员工持股的方案，打造了"知识资本"的优秀氛围，通过股权激励将员工的知识资本与华为的未来发展融为一体，打造利益和命运共同体，实现员工个人财富和公司发展的双重增值，取得了如日中天的成就。

反之，也存在一些在分钱上反复琢磨方案，却"有意栽花花不发"的企业。此点是需要深思的，人类社会发展的底层逻辑是什么？

那什么是奋斗呢？

华为的定义是，为客户创造价值的任何微小活动，在劳动的准备过程中为充分提高自己而做的努力均称为"奋斗"，否则，再苦再累也不叫作奋斗。

例如，在华为展厅负责接待的营销专家，要有三年一线工作经验，要掌握1000多页的产品和解决方案宣讲资料，要深刻理解行业发展趋势和领会客户战略痛点，要随时应对不同客户的提问，这些都是依赖干好展厅本职工作的意愿和刻苦的学习才能达成的。

他山之石

今天的华为已经成长为一家业务遍布140多个国家和地区的全球化运营公司。

一方面必须能够充分整合全球的内外部资源，打造全球化的价值链；另一方面还需要通过基于各个区域和国家的本地化运营，将全球化价值链的优势与本地市场的实际情况充分结合，快速满足当地客户的需求，并对当地社会的发展做出贡献。面对内外商业环境正在发生的主要变化和发展趋势，为了抓住未来三至五年的产业机会，实现超越自我，真正成为行业领导者，公司决定展开新的一轮组织变革，以不断完善自我，建立我们在ICT融合时代创新和技术领先的优势，提供能够充分满足不同客户需求的解决方案，创造更好的用户体验；与客户建立更紧密的联系和伙伴关系，帮助客户实现商业成功，并成为对当地社会有贡献的企业；同时进一步实现华为自身健康、可持续的有效增长,特别是建立华为在企业市场的领导地位。具体而言,本次变革希望实现的目的主要有以下三点。

第一,通过内部整合研发资源,成立新的ICT融合的产品与解决方案组织,旨在进一步强化华为在IT技术领域的能力,建立华为在IT技术上的领导地位,并把IT技术广泛运用于CT产品的进步,构建华为未来面向ICT融合时代的技术领先优势。通过减少非必要的内部协调,提升产品研发和上市效率,降低内部运作成本,向客户提供更具竞争力的产品和解决方案。

第二,通过匹配客户需求,建立面向三个客户群的BG组织,适应不同客户群的商业规律和经营特点。BG面向客户,洞察其需求,针对客户的需求、痛点和挑战,整合公司内部的各种能力和资源,提供创新的、差异化的、领先的解决方案,帮助客户实现商业成功,并使客户能够以更简单的方式与华为做生意,持续提高客户满意度。

第三,区域组织要成为区域的能力中心与资源中心,有效组织和协调遍布全球的公司资源为客户服务;代表处成为本地运营的整体性经营组织,组织灵活机动、授权充分,不仅能够调用全球资源,快速满足客户需求,还要通过本地化落地经营,致力于在运营所在地的可持续发展,成为被当地社会所认可的企业公民。

我们计划在今年四季度前基本完成组织的变革和管理体系的调整,但这并不意味着组织变革就调整到位了,因为组织变革不仅仅是组织结构的变化,更是公司整体运作模式的深刻变化,未来两三年甚至更长的时间,我们都将持续地将变革深入落实推行下去。这要求我们全体员工在了解公司变革意图的情况下,应该积极支持和拥抱变化,并继续做好日常本职工作。同时各级管理者更要积极参与详细方案的设计和实施,做好组织和业务的平稳迁移以及良好的员工沟通。我们在组织变革过程中,要按照先立后破的原则,务必确保日常工作有序运作。

——任总《自我批判,不断超越:就公司组织变革致全体员工的一封信》节选(2014年2月

第二章
开发战略到执行，落地关键"三板斧"

力出一孔，在主航道上拉开与竞争对手的差距，满足最终客户需求。我们要力出一孔，力量从一个孔出去才有力度。我们"利出一孔"做得比别人好。

但是我们的"力出一孔"做得不好，研发的力量太发散，让竞争对手赶上来了。每一个产品线、每一个工程师都渴望成功，太多、太小的项目立项，力量一分散就把整驾马车拉散了。你们无线产品线要力出一孔，要加强向主航道的投入，提高主航道的能力，在主航道上拉开与竞争对手的差距。要有战略集中度。你们不知道水能切割钢板吧？造船厂很多钢板都是用水切割的，高压的水穿过很细的孔力量是很大的。我们一定会经历一个非常困难的历史时期，大投入的滞后效应，一定会使我们有一段难堪的。只要有饭吃就行，有饭吃队伍就存在，没饭吃规模再大也不行。产品线开务虚会的时候好好讨论一下。

我要再次明确，我们所说的用户是最终用户，满足最终用户才能增加竞争能力。

我们公司就是太重视细节了，缺少战略家。我们要打开城墙缺口，我不在乎你是一发炮弹炸开的还是六发炮弹炸开的，我要求的就是打开城墙，冲进去占领这个城市，那有多少财富呀！我不是说不该降低成本和提升质量，而是要看战略机会点，看谁更重要，一定要把战略力量集中在关键的突破口上，集中在主航道上，主战场上。我讲的就是这个观点。

我们的定位不是通过降低成本来提高竞争力。但在提高竞争力的

> 基础上，我不排斥继续降低成本，只是把主谓关系调整一下。通过降价来提高竞争力是农民时代的商业模式，现在我们西装穿起来了，不是农民时代了，要把竞争力放在第一位，而不是把降成本放在第一位。
>
> 我认为成本和质量是工业经济时代的产物和主要灵魂。今天已经不是工业经济时代，但我们还在延续工业经济时代的思维。价值的产生不完全在于成本的降低和质量的提升，我们的力量要有战略集中度，不要把力量用在不是特别有用的功能和性能上、用在不是特别有利于竞争力提升的东西。
>
> ——任总在无线业务汇报会的讲话纪要节选
>
> （2011年10月）

当前全球经济处在深刻变动的历史时期，以信息技术为代表的科技迅猛发展和经济全球化催生很多全球性跨国企业。这些高速发展的成长性企业，或者自身能力不够，或者企业管理团队在关键领域存在知识盲点，企业在不断扩张中容易出现决策失误、对主营业务的趋势判断不清、内部管理如布朗运动般混乱无序而无法形成合力等各种各样的问题，特别是企业如果缺乏战略管理能力，即从战略高度开展企业管理和业务运营的能力，如果不能及时觉明，企业还会遇到大的挫折，甚至遭遇失败而功亏一篑。

企业在战略管理能力上，一般存在以下短板。

一是"当局者迷，旁观者清"。不主动研究企业内外环境的变化，不善于抓住环境变化带来的主要矛盾和矛盾的主要方面，不具备强力和灵活的风险管控能力，不能够抓住企业的当前利益与长远利益相结合的平衡点，在时代车轮面前一直"坐井观天""刻舟求剑"，甚至"掩耳盗铃""叶公好龙"。

二是"纸上谈兵，坐而论道"。战略制定多取决于管理团队的经验，没有系统的先进的流程、工具和方法帮助企业高层及时、真实、完整地掌握决策信息，辅助企业高层做出正确决策，最终形成的是缺少基于事实和能力的战略分析和战略选择，无形之中将企业逐渐带入失败的深渊而不自知。更可怕的是，缺少有效的手段来评估其战略的健康度，甚至通过"战略口号"代替成员承诺与团队协同，中长期战略与年度业务规划缺少连接，战略行动和责任分解不具体且缺乏可操作性，没有清晰的里程碑和关键路径，企业步入"失守街亭"的境地却还处在"居高临下、势如破竹"的自得其乐中。

三是"散兵游勇，瞎子摸象"。缺少资源整合的手段和方法，不能很好地整合企业有效资源；不聚焦企业核心竞争力的提升；不重视人才发展潜力的培养；企业的"人、财、物、事"缺乏实时可视化管理和协同，整体运作表面上清楚而实际上处于"盲目"状态，无法通过阶段调整和有效改进达成战略目标。

业界为解决这些短板，提升企业战略管理能力，通过 DSTE 流程使用很多方法和模型，如价值驱动的业务设计（VDBD）、业务领先模型（BLM）、业务战略执行力模型（BEM）、五看三定、战略地图、平衡计分卡等。这些方法和模型的特点是"知易行难"，知道做很容易，但做好并能全员认知和落地则需要很深厚的功力。本章不着重讲模型、方法，因为业界已经有很多专业和成熟的著作，本章着重介绍一些容易忽视，但又容易掌握，可以让企业事半功倍的概念和要领。

"战略"是一个军事术语，战争中为了胜利，军队需要有作战的谋略；是在真正的战斗打响之前，实现"天时、地利、人和"的布局，将资源调配到最有利的位置以抓住最有利时机的艺术和科学。春秋战国时期，一代兵家孙武的《孙子兵法》是历史上较早对战略进行全局筹划的著作。

战略，是在有限资源下的取舍，是一种选择和舍得，确保企业在有限资源下持续保持竞争优势。首先是"略"，排除不能干的业务；然后是"战"，将资源聚焦于主航道业务，《华为基本法》指出：坚持压强战略，在成功关键因素和选定的战略生长点上，以超过主要竞争对手的强度配置资源，要么不做，要做，就极大地集中人力、物力和财力，实现重点突破。

第一，不发财的业务大多不能干，那是"骨头打狼，有去无回"。

第二，能发财但没资金投的业务最好也不干，那是"空手套白狼，反而被狼咬"。

第三，能发财有资金投但没有足够信任的人去做的业务别急着干，"组织能力不够，培养竞争对手或白眼狼"。

第四，在错综复杂的市场环境和政策环境下，企业一定要承认自己有局限性；"宜未雨而绸缪，勿临渴而掘井"，必须主动迎接和适应环境变化所带来的各种挑战。

第五，企业战略是一个系统的变革过程，通过构造未来蓝图，像导航仪一样确定聚焦商业成功的执行路径，然后依靠科学规范的机制和全体员工的执行力落地实现。

第一节　从更高维度把握"战略到执行管理运营流"

DSTE（Development Strategy to Execute，开发战略到执行）流程，一方面，说明战略是开发出来的，有其信息基础、工作过程和工作方法，而不是拍脑袋空想出来的；另一方面，说明"战略"与"执行"之间存在一定距离，落地闭环比较难，需要强有力的运作管理机制，所以业界有"三分战略，七分执行"的说法。

从业务流的角度，DSTE 流程是一个根据企业日历运作的管理集成流程，通过集成其他业务流程的关键模块，把企业各功能部门的管理有机集成，包括战略、营、销、研、计划、制造、服务、质量与运营、人力资源、财经等，同时在关键节点召开管理评审会议，如务虚会、研讨会、计划预算评审会、经营分析会、实体组织办公（ST）会议、行政管理团队（AT）会议等，从而对企业的"人、财、物、事、节奏"进行统筹，实现"目标一致、步调一致、方法一致"，形成组织合力，周而复始地驱动企业内部运作，如图 9 所示。

从流程管理的角度，DSTE 流程主要包括战略顶层设计、战略规划、战略澄清、战略展开、战略执行与监控、战略评估等 L2 级模块，如表 4 所示。

战略顶层设计：愿景、使命、价值观、共识战略方向在公司的中高层管理团队中发挥着非常重大的作用。需要做好"道法题"，它不是口号，需要中高层在内心共同认同，否则企业就会存在很大的战略分歧。

战略规划（SP）又称为"春季规划"，回答"去哪里"，这是企业需要做好的"语文题"。一般在自然年 4 月份开始，如 2023 年 4 月至 9 月进行的战略规划，输出的是 2024 年至 2026 年的三年战略规划，一般不建议开始就做五年规划，一般的企业缺少能力及数据积累，先做三年，做实做好方为上策。

企业战略一般分为三个方面：公司战略、业务战略、职能战略。

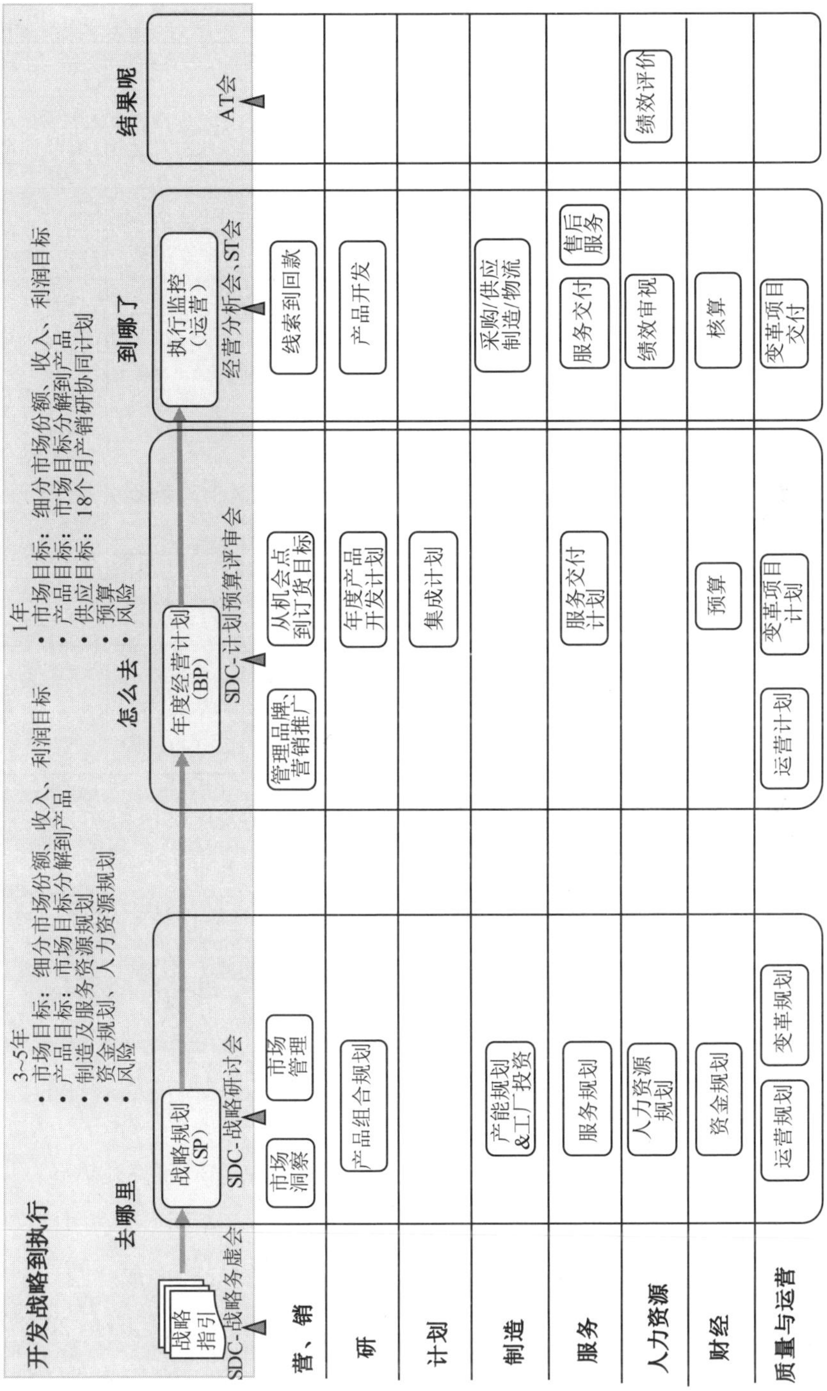

图 9 "打样企业"战略到执行示意

表 4 "打样企业" DSTE 流程

L1	DSTE（开发战略到执行）				
L2	战略顶层设计	战略规划	战略澄清	战略展开	战略执行与监控	战略评估
L3	确定愿景	制定业务战略	战略宣贯与沟通	制定年度业务规划	BP 与预算半年审核	绩效管理
	确定使命	制定组织战略	制定与签署战略归档文件	制定年度组织规划	KPI 结果评估	战略健康度审视
	确定价值观	制定人才战略	制定与批准 KPI 指标方案	制定年度人才规划	管理重点工作	管理体系评估
	共识战略方向	制定变革战略		制定年度变革规划	管理战略专题	
		制定战略专题		制定年度全预算	开展管理评审	
				管理层述职及 PBC 签署	绩效审视	

公司战略主要是制定长期目标、确定业务组合及关键发展路径和关键任务，意义在于定义企业的定位，确定企业的竞争优势，以实现长期增长和利润。

业务战略主要是业务单元（利润中心）如何进行业务设计，形成战略控制点，制定竞争策略等。

职能战略主要是如何支持业务的战略，包括资源配置、业务协同等。

战略澄清：目的是管理层、员工都明晰要达成的战略目标和路径，使得企业内部能够理解并相互知会战略的关键内容，形成"同一个战略、同一个声音"，重要的手段就是通过大大小小的会议进行战略宣贯和答疑辅导。

战略展开：主要是输出年度经营计划（BP），其又称为"秋季规划"，回答"怎么去"，需要多少"资源"，这是企业需要做好的"数学题"。一般在自然年 10 月份开始，如 2023 年 10 月至 2024 年 3 月制定的是 2024 年的年度业务计划与预算。在公司总体预算的约束下，结合 SP 的输入，进行战略解码，落实年度全预算和人力部署，对具体的市场机会对齐行动和策略，降低运营风险，最核心的是确定各业务计划、机会点到订货目标、年度重点工作、年度全预算、PBC 及管理层述职。

战略执行与监控：重点是业务运营，业务部门、质量与运营部、人力资源部、财经管理部共同落实年度经营计划的执行，回答"到哪里了""结果如何"，通过利益驱动企业经营，需要特别关注"动态"和"状态"，这是企业需要做好的"物理题"。主要通过经营分析会、ST 会议实现闭环管理。

DSTE 的第一个闭环是"财"，由首席财务官（CFO）和质量与运营部部长（COO）共同负责，通过经营分析会研讨业务如何打胜仗。

DSTE 的第二个闭环是"事"，由质量与运营部负责，通过日报、周报、月报、季度审核、半年度审视进行管控，并基于流程在 ST 会议上做出决策，如重点工作进展、当前有哪些问题急需纠偏、一线需要哪些求助等。

战略评估：重点是绩效管理，关键看输出，回答"结果呢"，这是企业需要做好的"化学题"；同时对目前战略的实施结果进行评估并复盘，审视战略规划的合理性和有效性，审视战略执行与监控的连贯性和及时性，然后对战略进行必要的刷新。

DSTE 的第三个闭环是"人"，即绩效管理，由人力资源部负责，绩效闭环既包括对组织绩效的闭环，也包括对管理者个人绩效的闭环。通过绩效考核，最终在 AT 会议上决策，将结果运用于组织、管理者的奖金分配、薪酬评定、个人晋升、末位淘汰等。

战略到执行流程活动贯通全年，一个强大的战略管理组织是做好战略的关键，如图 10 所示。

"打样企业"在产品体系、BG、销售体系设置战略规划组，同时由营销工程部、业务 MKTG 部、地区部 MKTG 与解决方案销售部安排产品管理专家和 MKTG 专家，协同公司输出战略规划。

战略 MKTG 部部长虽然不直接管理产品体系和销售体系的 MKTG 和战略相关职能，但战略 MKTG 部部长作为 DSTE 和 MTL 全球流程责任人，可以对全公司产品线总裁、地区部总裁，以及战略、MKTG 相关业务主官行使流程遵从弹劾权、任命否决权。

图 10 战略管理组织示意

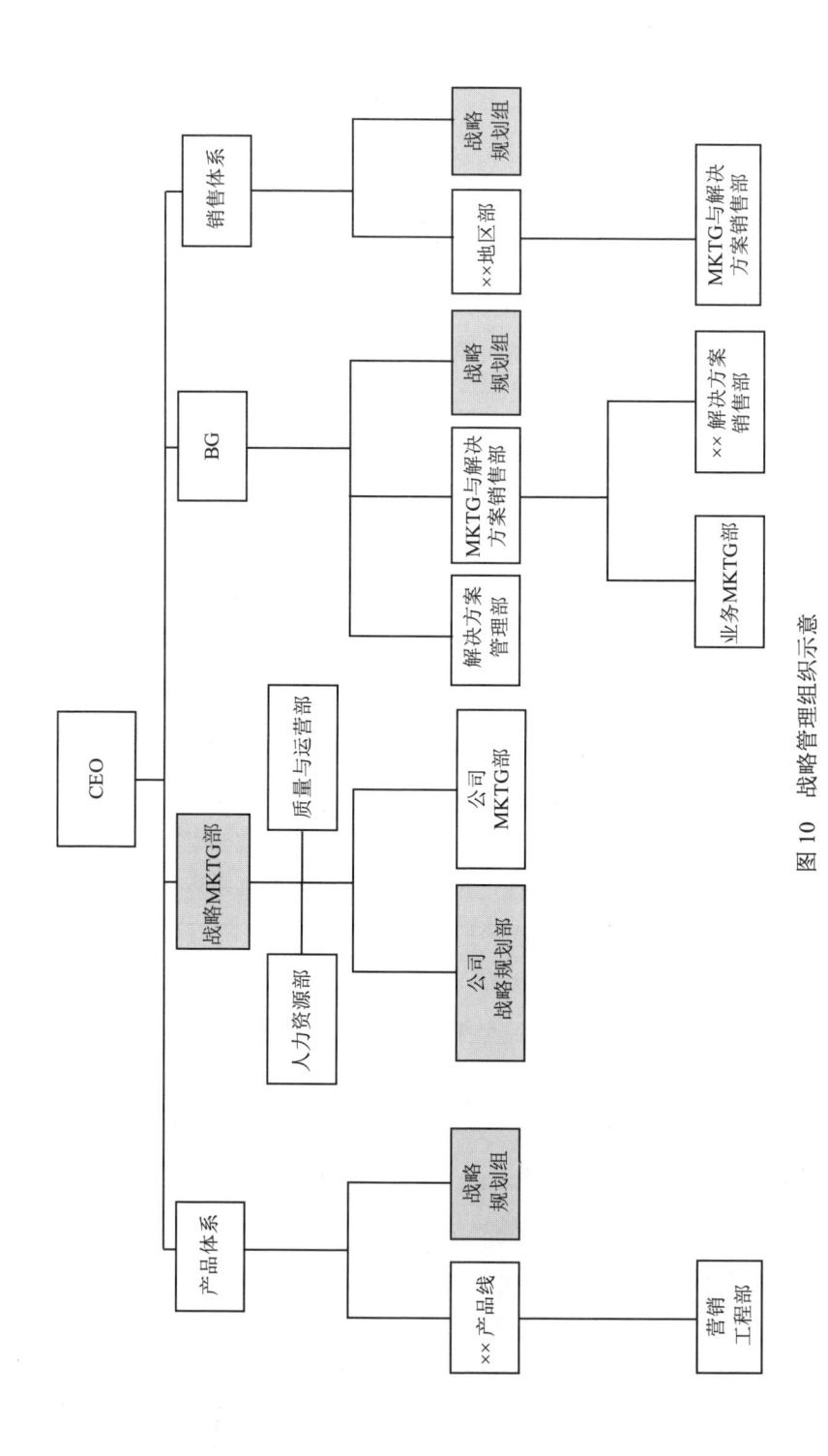

第二节　清晰的顶层设计是企业不断发展的源动力

1. 确定企业愿景、使命、价值观

根据笔者的观察，一些企业在战略顶层设计时，"心"没有到位。很多人认为愿景、使命、价值观是形式，之所以有这样的误解，原因是没有理解战略的内涵和底层逻辑。企业能做多大取决于这家企业（尤其是企业家）的境界与追求，没有理念追求的、没有文化的企业是不可能持续发展的。

企业愿景的核心是确立企业业务的主航道，"君子有所为，有所不为"，通过愿景明确企业的未来，即企业成功的样子，从而指出企业成长的方向，指引战略目标的设定，不断激发客户、利益相关者、合作伙伴、受众及员工对企业的正向认知，以获取最为广泛的支持，达到"得道者多助"的效果。

企业愿景确定的过程是企业家及管理团队降伏妄心的艰苦过程。

关于"心"，《西游记》有个论述很好，孙悟空去拜师时，地点是"灵台方寸山，斜月三星洞"。什么是斜月三星洞？其实是一个"心"字，三个点是三星，弯钩是斜月。哪里又有什么菩提祖师呢？最好的老师是自己的慧心，慧心就是菩提祖师。能除去妄心的，是慧心。企业愿景的确定需要集结企业管理团队群体的智慧，不断排除各种诱惑、烦恼、陷阱、迷茫等妄心。

好的愿景是企业的修行口诀，当企业遇到困难时，企业家一定要带领团队不忘初心，多研究愿景的来龙去脉，反复参悟研讨，往往能达到"山重水复疑无路，柳暗花明又一村"的境界，就如同"西天取经成佛作祖"的愿景一定能克服九九八十一难，修成正果；千万不能对企业愿景的确定过程走形式，那样的结果只能是南辕北辙，最后是离未来目标越来越远。

衡量愿景好坏，有一个词语比较准确到位：清醒。

就是愿景在任何时刻、在任何地方，不管是顺境还是逆境，还是不可预知、不确定性的"境"，都能让企业家、管理团队、员工保持清醒。他们不

因光明来临而得意扬扬，更不因艰难困苦而萎靡不振，这样的愿景就对了。尽量少一点儿高谈阔论，少一点儿热血沸腾，少一点儿鸡血激情，而是达到得道高人坐禅"如如不动"的境界；"七分理性、三分情怀"才是企业的经营之道，帮助客户商业成功，帮助合作伙伴商业成功，实现企业商业成功才是市场经济大背景下的硬道理。

使命定义企业存在的目的，价值观是指导企业员工共同行为的准则。

作为业务和战略首要责任人的CEO，需要带领管理团队确保价值观与企业战略协同并成为日常执行中的一部分，达到"平常心是道，功在日常中"的状态。

如果价值观只是挂在墙上的几张纸，员工不能身体力行，这说明企业执行力不行。战略到执行从内部管理的角度说，本身也是动力和压力的双重传递过程，一个企业在业绩尚好，也处于快速成长的时期，仍然需要激发全体员工思考"如何活着"和"怎么活得更好"的企业价值问题，促使员工不断保持清醒的头脑，一定要让市场动力和竞争压力通过价值观传递到所有员工身上。

企业的价值观，是"以人为本"，还是"以奋斗者为本"，所带来的意义可能是截然不同的。企业是商业组织，不是福利组织，"多劳多得，少劳少得，不劳不得"，从资源分配到薪酬激励都必须有正确的导向，企业才合乎商道。

天道酬勤，不仅需要身体上勤奋，更需要思想上勤奋。"以奋斗者为本"意味着资源分配和薪酬激励导向到真正为企业创造价值的奋斗者，及时淘汰不产生价值的员工，尤其对不符合企业价值观的干部，需要根据干部管理制度和流程"就地正法"。

企业愿景、使命、价值观确定好后，传播过程一定要有仪式感，这个时候要打点儿鸡血，通过层层开会宣贯企业愿景使命、价值观，并传达到每位员工的心上，融入每位员工的行动中。

2. 共识战略方向，发布战略指引

企业战略的核心是战略方向，"方向大致正确，组织充满活力"；只有

方向一致，思想才能同步同频，才能谈得上战略自信和战略定力。共识战略方向包括以下活动（见图 11），其主要输出是战略指引。华为公司的战略指引是对战略规划涉及的关键战略问题的指导性和纲领性文件。

"打样企业"每年发布一次，围绕企业未来发展方向和目标，提出本轮战略规划过程中企业及关键业务领域面临的挑战与问题，指导各业务单元战略规划工作，如图 11 所示。

信息收集 → 共创共识 → 发布指引

图 11　共创战略方向示意

信息收集：主要包括日常各部门市场洞察收集的主要信息、战略健康度审视暴露的主要问题、战略客户的关键声音等。

共创共识：企业高管对收集到的信息在战略务虚会上进行多次集中研讨，并由战略 MKTG 部执笔形成战略指引，提交 EMT 进行评审，形成正式文件。

发布指引：在战略规划开工会上进行发布，对产品体系、BG、销售体系提供明确的方向指引。

3. 建立并明确战略管理基本原则，提高战略管理的效率

- 战略不能被授权。

业务主官负责引领战略制定和执行，包括业务战略、变革/流程/IT 战略都是业务一把手直接负责，该工作不可以委托给他人。在战略会议上，因私事经常请假的业务主官，需要直接调换岗位。

- 贯彻"三孔"理念。

"数出一孔"，战略规划的基础数据和基本信息都来自由战略 MKTG 部主导的细分市场框架（从区域、客户、行业、产品等维度），EMT 决策后，通过 IT 固化，全公司共享使用。如果企业没有做到基本数据一致，业务设计的正确性可想而知，那又怎么可能指导企业前进呢？

"力出一孔"，战略规划聚焦主航道，集中人力、物力、财力朝一个方向冲锋，敢于提倡"范弗里特弹药量"突破城墙口；对于战略控制点，一定要有相应的战略投入，否则也是一句空话，资源不够打不赢的硬仗多了后，无法形成"打胜仗成为信仰"的工作氛围。

"利出一孔"，激励原则实施"获取分享制"。在激励上拉开差距，只有给"火车头"加满油，不断清升浊降，优胜劣汰，组织才能充满活力。

● 聚焦差距，洞察市场。

战略主要由不满意而激发，差距是战略到执行的起点。战略需要与外部环境相匹配，深刻理解外部市场趋势和其对业务的启示；聚焦关键业务问题和能力，系统提出能力提升和能力整合建议；设计业务时，平衡成熟业务和新兴业务、试点创新业务、探索无人区业务和及时关闭符合退市标准的业务，通过改进业务组合保持企业业务的可持续发展。

● 横向到边，纵向到底。

战略制定横向到边，相关业务部门在战略制定过程中充分研讨和协同，强调整体的利益最大化，而不是某一个领域或部门的利益；形成共识和承诺，将优势力量发挥在企业发展最关键的地方。

战略执行纵向到底，强调战略制定到执行的一致性逻辑思考，以及组织能力和战略的适配，将企业的每个人连接起来，使其参与战略执行，通过持续不断PDCA管理循环，快速达成业务目标。

第三节　开好各级战略管理会议，确保执行落地到位

1. 建立企业EMT是战略落地的高层组织保障

- EMT 机制如下所述。
  - "打样企业" EMT 是以 CEO 为核心的经营管理团队，在董事会战略决策和授权下负责公司日常经营决策和管理，保障战略的执行到位，对公司年度经营目标负责。
  - 经营团队成员由 CEO 提议，董事会任命。
  - EMT 是公司日常经营管理的最高权力机构。
  - EMT 决策机制为 CEO 领导下的民主集中制，按"少数服从多数"的原则，2/3 赞成票为议题通过；CEO 有一票否决权，无一票通过权。
- EMT 运作方式如下所述。
  - EMT 例行以 ST 办公会议形式开展日常经营管理：频度为月，由 CEO 召集，负责分析总结经营过程完成情况，布置集团月度工作重点。
  - EMT 以专题会议形式开展：主要针对战略、质量、变革、预算、HR 等事关集团全局的业务进行专题决策，专题决策结果形成行动计划并负责传达、跟踪、落地。
  - EMT 以流程决策会议形式开展：主要针对 LTC、IPD、MTL 等流程设置的决策点遇到下级不可解决的问题时，进行公司级最终决策。

2. 规划关键管理会议，有条不紊地开展战略到执行的管理动作

"打样企业"借鉴华为优秀实践，设立四类会议：SDC 会议、ST 会议、AT 会议、经营分析会，帮助公司战略有效落地执行。

- SDC—战略务虚会。

SDC 是委员会形式的管理会议，层级为公司级。战略务虚会在战略规

划前启动，务虚战略机会和战略方向，通过高管几天的头脑风暴法，百花齐放，形成战略的代表性理念，最终形成战略指引。

- SDC—战略研讨会。

层级为公司级。公司召集跨业务部门开展对标研讨，如形成市场洞察公司级数据、公司级细分市场选择等。

- SDC—计划预算评审会。

层级为公司级。主要评审以下关键内容。

  ▸ 计划和预算是否与战略规划相匹配？预算是否承接战略规划首年目标？预算是否满足各业务部门的经营要求？

  ▸ 业务计划和预算是否匹配？能否把"各个计划"翻译成"财务语言"，实现业财一体化运作？

  ▸ 不同部门的预算是否能互锁？如两大利润中心，产品线、地区部在细分市场维度的预算是否相互匹配？

- 经营分析会。

经营分析会指的是从最基层的项目经营单元，到公司级经营会议，层层自下向上召开，一般按月度或双周频次召开。主要输出经营会议决策结论及经营会议任务令，由质量与运营部督促各业务部门落实执行。

  ▸ 主题明确：经营分析会是作战会议，集中研讨"下一步如何打胜仗"，关键在于聚焦目标、聚焦机会、聚焦差距；必须重点分析预测是否准确、如何抓住机会点、行动策略是否有效。

  ▸ 实事求是：在经营分析会上，CFO需要通过数据说话，科学分析，理性预判，通过审视定、发、收、回指标，发现当前的经营差距，然后做根因分析，改进措施及计划。

- ST（Staff Team）会议。

ST会议，即实体组织的办公会议，是实体组织进行日常业务协调与决策的平台，对组织内的运营事务和能力建设进行日常管理，即"管事"。决策机制为集体议事下的部门首长负责制。ST会议的主要议题如下所述。

  ▸ 客户满意度管理。

  ▸ TOPN问题定期审视。

- 新业务分析及行动计划。
- 战略控制点和核心竞争力专题。
- 变革与流程专题。
- 知识管理等。

ST 会议的执行秘书一般由质量与运营部来担任，负责战略到执行的日常运作、决策运作、过程管理、闭环管理等。

- AT（Administration Team）会议。

AT 会议，即行政管理团队，是"管人"的平台，聚焦干部管理和价值管理，激发组织活力。决策机制为集体决策制，少数服从多数，会签时达到 2/3 同意即通过议题。AT 主任有一票否决权，但无一票通过权。主要决策以下议题。

- 组织发展：组织结构调整、职位职级、汇报考核关系的评审。
- 干部管理：干部任用推荐、干部梯队建设。
- 人才管理：人才评议、人才任用、高潜人才的管理。
- 绩效和激励管理：员工评议（员工定级和绩效考核等）、激励（工资、奖金、股票等）。
- 高层管理文件和高层讲话学习。

AT 会议的执行秘书一般由人力资源部主管担任。

研讨与演练

1. 召开一次 SDC—战略务虚会，输出战略指引。
2. 公司的业绩差距和机会差距在哪里？如何改进？
3. 公司各级部门召开一次 AT 会议，学习董事长讲话文件，输出学习心得。

关键问答

1. BLM 模型中，战略意图和市场洞察有严格的先后顺序吗？

理论上，市场洞察在先，战略意图在后；在实际使用中，可以没有严格的顺序，相互迭代，渐进明晰。

一般情况下，公司级战略建议先从市场洞察来进行；业务级战略建议先从战略意图来开始。

2. DSTE 中的市场洞察与 MTL 中的市场洞察是一样的吗？

DSTE 中的市场洞察内容既可以使用 MTL 中市场洞察流程的输出，也可以结合使用其他自己擅长的方法作为输出。MTL 的市场洞察是 L2 级流程模块，包含市场分析、客户分析、竞争分析，从流程协同的角度看，其输出既可以用来支持 DSTE，也可以用来支持 IPD 的产品管理、MTL 的市场管理、LTC 的线索管理、MCR 的客户管理。

3. 什么是战略投入？

战略投入指根据战略项目清单专款专用的预算。战略投入预算与经营预算必须分开，即不管经营情况的好与坏，为了公司的未来和确保战略落地，集团进行空载。比如，笔者当年所在的一级流程变革项目，即公司战略级项目，项目组为专职项目组，项目组所有费用由集团进行空载，不隶属于经营预算。

4. 如何开展战略健康度审视？

战略健康度审视有两次：一次是制定战略规划时，一次是年中，主要审视战略规划定的方向和事情是不是正确。通过对影响战略落地的要素再次评估，实现战略规划的微调和纠偏。一般主要审视以下要素，给公司战略进行一次"体检"。

- 客户声音。
- 宏观环境和行业发展趋势。
- 业务经营绩效、业务策略及关键问题。
- 战略专题进展。
- 年度重点工作进展。

5. 如何对中高级干部开展阶段审视？

华为经常对中高级管理干部开展阶段审视，过程非常严格，以鞭策干部对准战略以及年度经营目标，持续改进工作。

一次笔者在地区部出差，遇到之前部门产品管理部部长，当时他刚刚升任 SPDT（产品领域开发团队）经理，负责约 100 亿元年收入的产业集群，该产品实现了当期盈利，但一直没有实现累计盈利。

聊天时他谈到，做好 SPDT 经理非常难，在针对某产品线的阶段审视上，轮值 CEO 直接免去了一名 SPDT 经理的职务，而他也差点在管理评审阶段审视上被轮值 CEO 直接免去 SPDT 经理的职务，幸亏产品线总裁进行了解释，"他刚刚接任该岗位半年，现在趋势是好的，希望公司能再给他半年时间，实现累计盈利，到时如果没有达成目标，则直接换人"，后来他不负重托，半年内实现了累计盈利，升任地区部××Marketing 与解决方案销售部部长，后来再升任 XX BG 副总裁。

由此可以看到华为"之字形选拔路线"，S 产业 PDT 经理→子产品线产品管理部长→W 产业 SPDT 经理→地区部××Marketing 与解决方案销售部部长→××BG 副总裁，高级干部需要经历产品体系、销售体系、BG 多领域的历练。

笔者曾经服务的另外一名 SPDT，其业务主官历练路线则是：C 产业 PDT 经理→C 产业 SPDT 经理→地区部××Marketing 与解决方案销售部部长→子产品线总裁→××BU 总裁。

可见在华为做业务主官真心不容易啊！得多少战功、经验、能力的沉淀和考验，得经过多少次阶段审视的考察。

佛学有句话，"头陀不三宿空桑"，目的就是防止产生惰性。

鼓励并强化干部流动是华为的特色，就是为了防止干部的思维模式在一个体系中不由自主地产生局限性，在工作中形成舒适区，危险的还容易形成"本位主义"、"官僚主义"甚至"山头主义"。

6. 如何理解华为职位与薪酬管理的关系？

华为的原则是"以岗定级，以级定薪，人岗匹配，易岗易薪"。

例如，某某××产品负责人岗位（岗位称重18级，任职资格流程管理四～五级），实际职级18C；升任产品簇产品管理负责人岗位（任职资格产品管理五～六级），岗位称重20级，承担20级的岗位责任。这属于破格跑步上岗，经过一年的考察，岗位匹配合格后，调整实际职级为18A，每月薪酬从18C调整为18A，年终奖金和项目激励奖则由上级根据产品线项目完成情况来评价。

这个十六字方针，看似容易，实际包含很多深刻的道理，也是华为公司激励人往前跑的秘诀。

7. 什么是获取分享制？

在华为，获取分享制是奖金评定时的一个方法，其核心理念是"奖金是挣来的"。从流程管理的角度看，流程型组织的建设与获取分享制紧密相关，笔者给企业做咨询时经常提醒客户，不能为建流程—写流程文件—画流程图而做流程变革，流程变革是全方位的，"战略—业务—流程—组织—决策体系—数字化转型—激励—变革领导力—文化"等要素都需要协调起来协同运作，才是真正建成基于流程的"无为而治"的管理体系，才能够通过激励最终落地。

他山之石

作为高层管理者，我们怎样治理这个公司，我认为这很重要。

第一点，我想强调一下什么是职业管理者的责任与使命。

一个职业管理者的社会责任（狭义）与历史使命，就是为了完成组织目标而奋斗。以组织目标的完成为责任，缩短实现组织目标的时间，节约实现组织目标的资源，就是一个管理者的职业素养与成就。权力不是要别人服从您，而是要您告诉他如何干。因此，围绕组织目标的有效实现，个人所处的位置，承担的使命，应如何理解。怎样理解公司的组织目标的实现，我在《华为的红旗能打多久》上讲过，在历次很多讲话上都讲过，但大家都听不进去，今天就要考一次，你听不进去也要写。一个职业管理者他的职业就是实现组织目标，因此，实现组织目标不是他的个人成就欲所驱使，而是他的社会责任（狭义）无时不在地给他压力。

这就是无为而治的动机。

为了实现组织目标，要有好的素养与行为，我希望大家重视对自己的定位认识，加强个人职业素养的提升。

第二点，我想谈一谈一个担任高层职务的职业管理者的应有心态和行为特征。

华为曾经是一个"英雄"创造历史的小公司，正逐渐演变为一个职业化管理的具有一定规模的公司。淡化英雄色彩，特别是淡化领导人、创业者的色彩，是实现职业化的必然之路。只有职业化、流程化才能提高一个大公司的运作效率，降低管理内耗。第二次创业的一大特点就是职业化管理，职业化管理就使英雄难以在高层生成。公司将在两三年后，初步实现IT管理，端对端的流程化管理，每个职业管理者都在一段流程上规范化地运作。就如一列火车从广州开到北京，有数百人搬了道岔，有数十个司机接力。不能说最后一个驾车到了北京的就是英雄。即使需要一个人去接受鲜花，他也仅是一个代表，并不是真正的英雄。

我们需要组织创新，组织创新的最大特点在于不是一个个人英雄行为，而是要经过组织试验、评议、审查之后的规范化创新。任何一个希望自己在流程中贡献最大、青史留名的人，他一定就会形成黄河的壶口瀑布、长江的三峡，成为流程的阻力。

这就是无为而治的必须。

我上面说的是仅对高级管理者的，我没有说基层不要英雄，炸碉堡还是需要英雄的。基层干部不能无为而治。不当英雄，你也无法通向中高级管理者，谁会选拔你呢？对基层干部我们的原则是呕心沥血，身体力行，事必躬亲，坚决执行，严格管理，有效管控，诚信服从。与高级干部标准反过来，形成一个对立统一的悖论。

第三点，已经付了报酬，按劳获得了待遇，"英雄"不应作为额外索取的名义。

在职业化的公司中，按任职资格与绩效评价，付了报酬，已经偿还了管理者对职业化管理的贡献，个人应不再索要额外的"英雄"名义的报酬。为此，职业化管理者是该奉献时就奉献，而不是等待什么机会。我们的价值评价体系也要学会平平静静。如果我们的价值评价体系，只习惯热闹，那我们就会导致高层管理者的"行为英雄化"。

实现无为而治，不仅是管理者实现"从心所欲不逾矩"的长期修炼，更重要的是我们的价值评价体系的正确导向，如果我们的价值评价体系的导向是不正确的，就会引发行为英雄化。行为英雄化不仅仅是破坏了公司的流程，严重的还会导致公司最终分裂。在这个问题上我认为高级干部的价值评价体系导向比个人修炼更重要。个人修炼当然也重要，但小草再怎么浇水也长不成大树，如果价值评价体系不正确的话，那我们的导向体系就错了，我们公司就永远发展不起来。

我们将逐步引入西方公司职业化的待遇体系，都是回到让职业管理者默默无闻、踏踏实实地工作上去。我们实现了这些，高层更不应成为英雄。这就是无为而治的基础。

——任总《一个职业管理者的责任和使命》节选

（2000年2月）

第三章
"123"理顺IPD集成产品开发，帮助客户和企业商业成功

把握节奏，坚持客户需求导向。我们产品开发中最大的问题是简单的功能做不好，而复杂的东西做得很好。为什么呢？简单的东西大家不喜欢，这就是因为技术导向，而不是客户需求导向。我认为在相当长一段时间内，不可能再有技术导向了。在牛顿所处的时代，一个科学家可以把一个时代所有的自然现象都解释清楚，一个新技术的出现会带来商机。但现在的新技术突破，只能作为一个参考，不一定会带来很好的商机。可是，对于一个具有良好组织体系的公司，如具有IPD、ISC流程的公司，当发现一个新技术影响到客户需求的时候，就可以马上把这个技术吸纳进来。因此说，流程也是一种保证。

曾经看到过一句话，崇高是崇高者自己的墓志铭。这多少说明了我们在产品研发上不能技术导向，一味追求技术领先，在公司的动作发展上，也要把握好自己的节奏。现在技术发展很快，大大地超过了客户需求，不能及时发生效果，时代已经赋予你们新的使命。你们是负责产品路标的，这个路标是把华为带向天堂还是地狱，是决定于你们的，华为的前途也靠你们了。

我们强调，要坚持客户需求导向。这个客户需求导向，是指理性的、没有歧变、没有压力的导向，代表着市场的真理。有压力的、有歧变、有政策行为导致的需求，就不是真正的需求。我们一定要区分真正的需求和机会主义的需求。我们说，一棵小草，如果上面压着一块石

> 头,它会怎么长?只能斜着长。但是石头搬走,它肯定会直着长。如果因为石头压着两年,我们就做两年的需求计划,两年后,小草长直了,我们的需求也要改变。因此,我们要永远抱着理性的客户需求导向不动摇,不排除在不同时间内采用不同的策略。
>
> 经过这么长时间的改革,我们已经开始接受了变革,但真正的变化在于我们的指导思想和世界观。如果指导思想和世界观不变,我们就难于开放、难于变革,难于成功。
>
> ——任总在产品路标规划评审会议上的讲话节选
>
> (2003年5月)

近年来,IPD被越来越多的企业认可,并被很多企业看作提升产品竞争力、提高研发效率的"灵丹妙药"。IPD成功落地的企业,已逐渐得到三大收益:一是产品收益不断提高;二是产品上市周期缩短;三是研发能力大幅增强。

"比较出真知"。笔者帮助企业做IPD变革,采用对标的方法,大多数企业很快可以感知到差距。产品开发对照如表5所示。

表5 产品开发对照

对比项	成长中跟随型企业	领袖型企业
总体特征	• 浪涌式的市场需求,似乎总有做不完的业务或项目,研发疲于奔命,但投资回报率不高,"一直在做不正确的事",易陷于低头拉车的被动局面 • 某个市场爆发了,公司却没有合适的有竞争力的产品	• 具有前瞻性,有所为有所不为,品牌强,收入高,利润好,客户满意度很高,主动抬头看路,引领行业
部门协同	• 职能组织,部门墙厚、研发易成为大家的"抱怨""产品是研发的产品" • 作业不够规范依赖英雄,成功难以复制;决策缺乏科学的方法论指导	• 流程型矩阵组织,各司其职各尽其责,"产品是公司的产品",不断向市场推出成功的产品,越做越强

续表

对比项	成长中跟随型企业	领袖型企业
产品规划	• 没有或很少，研发直接定制化项目；技术导向，对客户需求关注不够 • 被动响应市场和竞争，未在规划时考虑资源的平衡	• 系统的产品组合规划、完整的商业计划书，把开发产品当作一项投资来管理 • 客户需求和技术双轮驱动，产品市场竞争力强
开发周期	• 周期长，不确定性大，资源投入大且混乱，有时好钢没有用在刀刃上 • 随意承诺，产品范围变化频繁，频发的售后服务冲击研发节奏，造成版本质量和版本进度的矛盾无法有效解决	• 范围确定，稳定的开发周期，压强投入，优质资源向优质项目倾斜
项目管理	• 项目管理粗糙，缺乏计划和变更控制，版本泛滥 • 有单项目管理，易各自为政，经验共享少，总体绩效一直难以提升	• 开展项目群管理，资源能通过优先级排序削峰平谷，投入/释放有节奏 • 经验共享多，总体绩效高
共用平台	• 没有产品平台规划，缺乏共用模块与经验教训的积累及共享机制，无法平台化、系列化地开发产品 • 或者有版本级基线，但无功能模块化的广泛应用	• 厚平台，薄产品，用标准化/通用化平台构建多产品竞争力
专业能力	• 容易出现短板，如研发/技术、制造/工艺、供应/芯片、服务/交付……按下葫芦浮起瓢，漏洞一时难以补全 • 各职能部分缺乏有效的考评与激励机制，缺乏有效的培养机制，人员的职业化素质不足	• 每个领域（规划、开发、营销、制造、服务、供应、财务……）都很强，专业能力不断提升

企业管理团队经过对差距及当前业务痛点的研讨，往往有强烈的变革愿望。但此时笔者反而不建议启动 IPD 变革，而是告诉他们，企业做 IPD 落地的工作，是一件非常难的事情，存在很多障碍；不像 LTC 变革，开展销售项目时，通过客户经理向机关调兵（集聚人、财、物等资源）后，大家围着客户，紧盯关键机会点，聚焦项目运作，总能讨论出解决方案，总可以看到效果，在较短的周期内拿下订单，拿到战功，会很有成就感。而产品立项后，开发到发布周期比较长，非常多的不确定性因素如客户需求变化、关键技术变化或成熟度不够、关键人员离职、关键领导更换、重量级团队运作不好

等，都会导致结果不好。实际上，成功开发出有市场竞争力的产品相对于成功销售出产品，所需要的组织能力和决策能力得高很多才行。

所以，有意愿做 IPD 的企业，心理上一定要有预期，不能期待通过半年或一年的 IPD 变革来解决研发的所有问题并达到"药到病除"的效果，而是要分阶段分批次开展 IPD 变革；IPD 的变革一旦启动，除了成功别无选择，需提前尽量扫清以下三个障碍。

一是无充足的变革预算。变革的资源投入，必会影响变革的效果。IPD 变革周期长，范围大，一定要找准时机，确保变革的资源投入，最适宜的方式是作为公司的战略投入，与经营预算分开。

二是企业基本管理能力差。从职能式组织到矩阵式组织看似容易，实际上则是一种飞跃式发展，特别是 IPD 中，都是强矩阵式重量级组织，难度更大，跨过这一步需要极高的功力，而且要建立在文化氛围基础之上，比如以客户为中心的企业文化，以战功为导向的高绩效文化、以任职资格体系为核心的专家文化、以项目管理为基础的协同工作文化等。

三是无合适的 PDT 经理。PDT 团队是跨部门团队，PDT 经理不一定需要研发经验，更需要的是市场或销售的经验和视角，以及对商业的理解和判断能力，PDT 经理一定要从公司公开公正选拔。有个道理很简单，但是很多企业认识不到，或者认识到了无法执行，最后出现更大的问题：一个地方业务长期做不起来，问题很多。最简单的办法就是先换人就好，而不是换流程。成功的变革都是有成功业务实践的人主导的，连业务都做不好的人，不可能做好变革。

理解 IPD 的变革收益、变革难点后，企业可以先模拟跑几次，快速领会和掌握关键要点。IPD 流程经过业界二十多年的实践，总体框架和内容已经博大精深，内容丰富翔实，其中最需要先学习的就是"123"。

一个中心思想：IPD 既是集成产品开发流程，更是产品商业成功的投资决策流程。

两条主线（决策评审与专家评审）：决策团队的决策评审点（DCP）、专家的技术评审点（TR）。

三大关键子流程：产品 Charter 开发与立项流程、产品开发流程、需求管理流程。

第一节 一个中心思想，理解 IPD 的内涵

华为引进 IPD 后，对 IPD 进行了适配和扩充，其内涵如下：IPD，即集成产品开发（Integrated Product Development），是一套基于客户和市场需求驱动的集成产品开发管理体系；是从产品投资与开发的角度来审视产品商业成功的思想和方法；是商业产品从需求到变现。其核心是由来自产品管理、Marketing、解决方案销售、开发、制造、采购、服务、财务等领域人员组成的跨部门团队共同管理整个产品开发过程，即从客户需求、概念形成、产品开发、上市，一直到生命周期结束的完整过程。

对年收入百亿元级人民币以下的企业来说，IPD 应尽量简化，大胆根据自己的业务进行调配，而不是照搬照抄其他企业的功课，如表 6 所示。

沿着 IPD L2 级流程，我们一起设置"打样企业"产品线的组织，如图 12 所示。

- 产品组合规划由营销工程部产品管理部牵头制定。
- 产品 Charter 开发由营销工程部产品管理部牵头负责。
- 产品开发由 PDT 团队负责，成员包括产品线直属的开发代表、产品管理代表、财经代表、产品质量代表，也包括来自 BG 的市场代表、采购代表、制造代表、服务代表等。
- 平台规划与开发由架构设计部、软件平台开发部、硬件平台开发部负责。
- 预研部主要负责新技术的研究工作、行业标准、知识产权等。
- 产品工程部主要负责产品工艺、可靠性。

"打样企业"产品体系、解决方案体系组织如图 13 所示。

华为产品和解决方案是一个体系，形成一个整体，全盘规划和统筹。

"打样企业"进行了分设，将解决方案管理部设置在 BG，更靠近市场，BG 可以从 Marketing、解决方案两个角度去驱动产品开发，更好地提高产品、解决方案的市场竞争力。

表 6 "打样企业" IPD 流程架构

L1					IPD			
L2	产品管理	技术规划与开发	平台规划与开发	产品/解决方案/服务开发	生命周期管理	研发管理	职能部门协同	基础支撑
L3	产品组合规划	技术规划	平台规划	产品开发	产品维护	系统方案设计	Marketing 协同	开发项目及项目群管理
	产品 Charter 开发与立项	技术 Charter 开发与立项	平台 Charter 开发与立项	水平解决方案规划与开发	退市策略	硬件开发	采购协同	质量管理
	需求管理	技术开发	平台开发	行业解决方案开发	退市管理	软件开发	制造协同	配置管理
				客户解决方案开发		工艺开发	销售协同	开发合作管理
				服务开发		资料开发	技术服务协同	产品数据管理
						集成开发、测试与验证	财经协同	知识产权管理

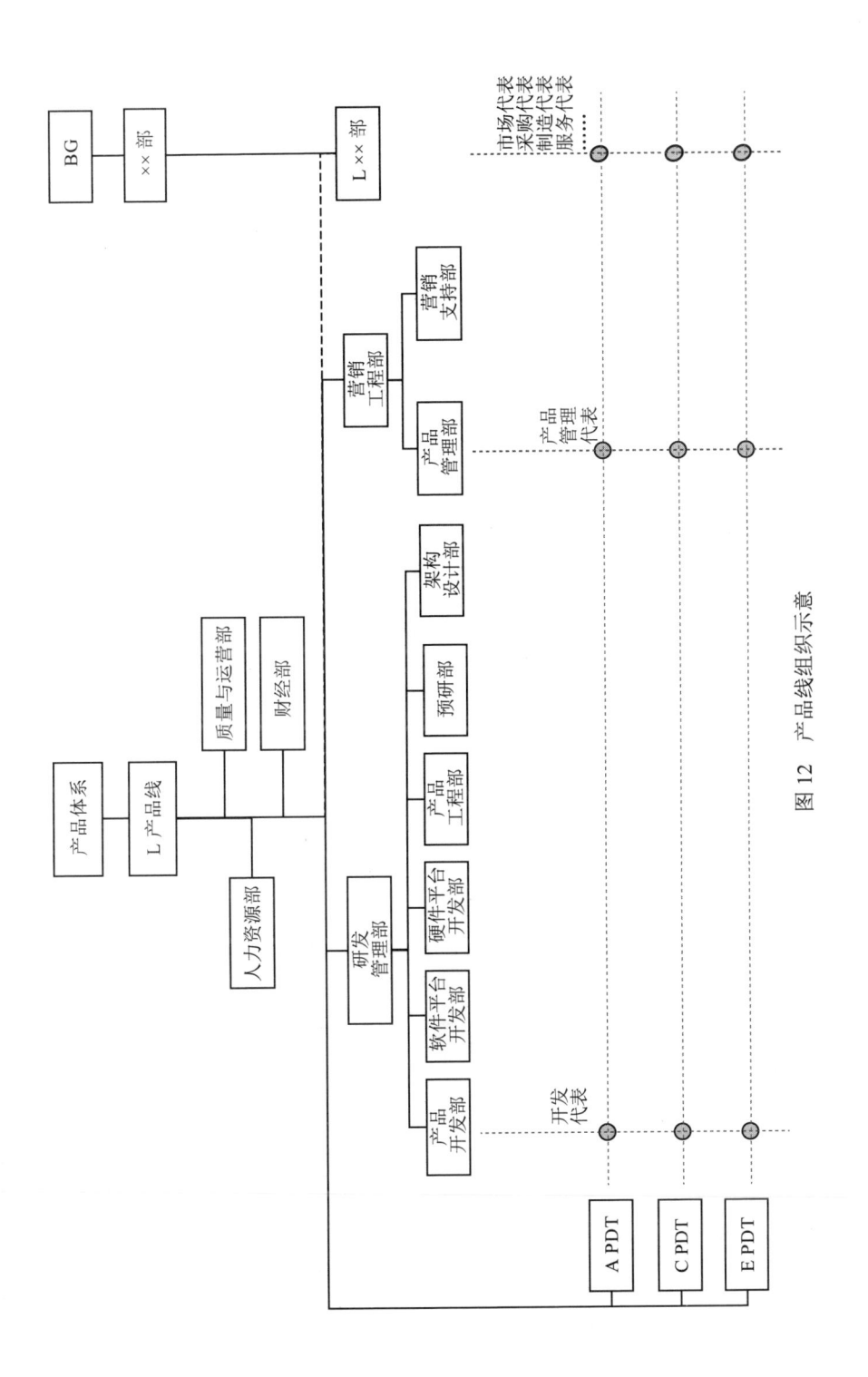

第三章 "123"理顺IPD集成产品开发，帮助客户和企业商业成功

图12 产品线组织示意

· 061 ·

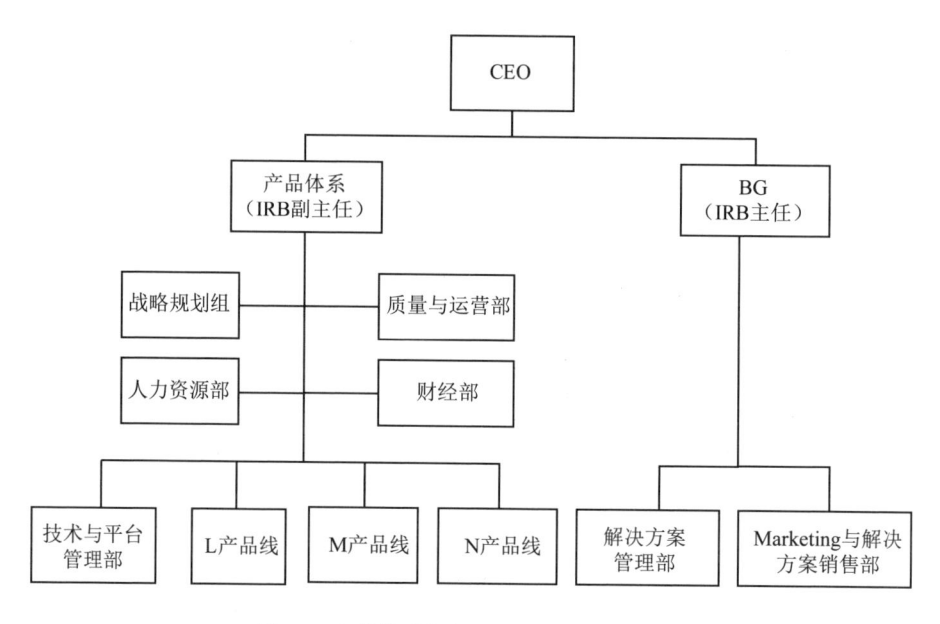

图 13 产品体系与解决方案体系组织示意

"打样企业"IPD 管理体系广泛采用跨部门团队，汇集各职能部门代表的专业智慧和资源，形成合力，共同承担项目成功的责任，如图 14 所示。

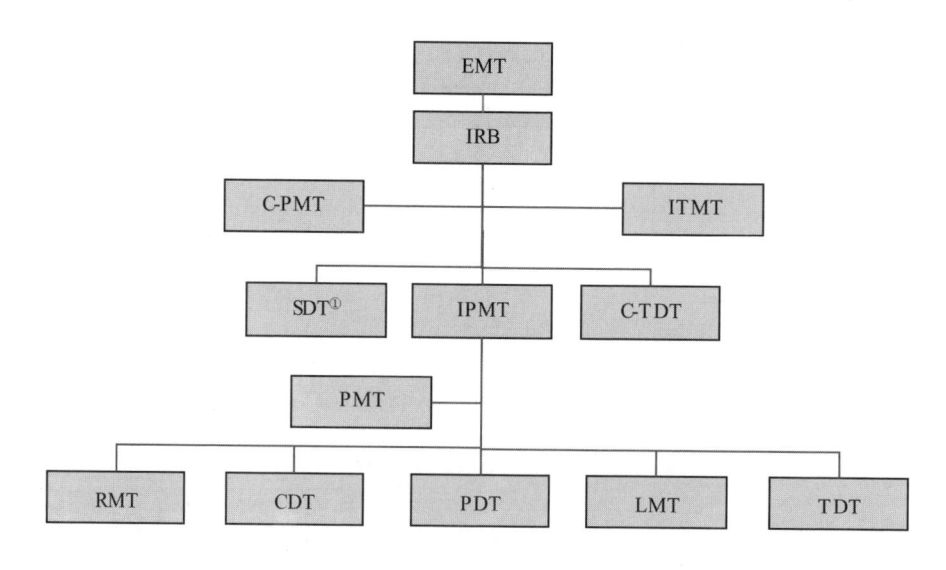

图 14 IPD 管理体系示意

- IRB：投资评审委员会（主任由 BG 负责人担任；副主任由产品体系负责人担任）。
- C-PMT：公司组合管理团队（主任由 BG 解决方案管理部负责人担任）。
- ITMT：集成技术管理团队（主任由技术与平台管理部负责人担任）。
- C-TDT：公司级技术平台开发团队（负责人由公司研发技术专家担任）。
- SDT[①]：解决方案开发团队（负责人由 SDT[①] 经理担任）。
- IPMT：集成组合管理团队（主任由产品线负责人担任）。
- PMT：产品线组合管理团队（主任由营销工程部产品管理部负责人担任）。
- RMT：产品线需求管理团队（主任由产品管理部专家担任）。
- CDT：商业计划开发团队（负责人由产品管理部专家担任）。
- PDT：产品开发团队（负责人由 PDT 经理担任）。
- LMT：产品生命周期管理团队（负责人由 LMT 经理担任）。
- TDT：产品线技术平台开发团队（负责人由技术专家担任）。

图 14 中，EMT、IRB、IPMT 是商业决策组织；ITMT 是技术决策组织；C-PMT、PMT 是产品组合参谋机构；CDT、SDT[①]、PDT、TDT 是项目开发团队；RMT 负责需求管理，LMT 负责生命周期管理。

IPD 变革开始时，企业应着重于产品线层面。

下面是华为公司关于各组织的定义和职责。

- IPMT 是产品线端到端经营的责任主体，负责产品线投资决策，对产品投资的商业成功负责。
  - 关注产品投资方向，对产品、软/硬件平台的关键决策评审点（DCP）、项目变更请求（PCR）进行决策。
  - 基于客户和市场需求导向，负责协调产品线各职能部门资源投入，确保产品及解决方案按契约交付。

- 负责产品线工程和技术能力的构建。
- 对产品线端到端全流程的质量、成本和效率提升负责。

IPMT 绩效衡量平衡计分卡如表 7 所示。

表 7　IPMT 绩效衡量平衡计分卡

平衡计分卡维度	评估项
客户	客户满意度 客户需求管理效率 承诺兑现及时率
财务	市场份额 毛利率 税前利润率 销售收入增长率 新产品销售比重 研发费用比重 废弃项目比重
内部业务	决策评审点管理效率 项目周期、阶段周期及进度偏差 项目进度偏差率 供应链存货周转率
革新与学习	流程成熟度评估

- PMT、CDT、RMT 是产品线产品管理的责任主体。
  - PMT 对产品组合的市场竞争力和 18 个月产品路标质量负责。
  - CDT 对立项产品的市场竞争力负责。
  - RMT 对产品线需求的客户满意度负责。
- PDT 是产品经营的责任主体。
  - 根据 IPMT 项目任务书的要求，保证产品在财务和市场上的成功。
  - 负责管理产品开发的整个过程，从立项，到产品开发，到将产品推向市场进行管理。

PDT 绩效衡量平衡计分卡如表 8 所示。

表 8　PDT 绩效衡量平衡计分卡

平衡计分卡维度	评估项
客户	客户反馈产品缺陷 产品百万机会缺陷数
财务	毛利率 销售收入 税前利润率 盈利时间
内部业务	项目进度偏差率 决策评审点准备度
革新与学习	流程成熟度评估

- LMT 负责已上市产品的绩效管理和退市管理。
  - 例行开展产品运营，管理产品损益，制定改进措施并推动职能部门落实。
  - 管理产品的维护优化，解决客户反馈的产品问题。
  - 对产品在市场的表现进行充分的分析和论证，管理产品 / 版本 / 单板 / 器件的生命周期，并制定相应的策略，根据生命周期终止的入口条件，向 IPMT 建议终止产品销售、生产、服务。

第二节 两条主线——IPD 决策机制与专家评审机制

学好学会 IPD，首先要掌握商业层面怎么决策？决策什么？技术层面怎么评审？评审什么？为什么这么设置？如图 15 所示。

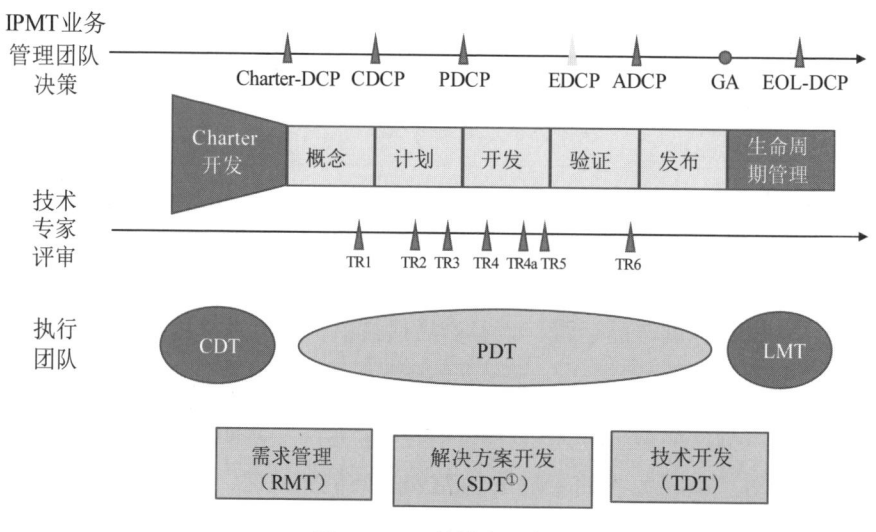

图 15 IPD 关键点示意

1. IPD决策机制

在产品开发流程中建立投资决策评审点，按照项目渐进明晰的客观规律，资源和预算分阶段投入，降低商业风险。产品全生命周期中通常包含五个 IPMT 关键决策点。

一是 Charter-DCP（产品立项决策点），即通常所说的商业计划书决策，主要决策产品构想是否合理、产品包需求初稿是否完整、所需资源能否到位，以及关键里程碑点是否符合市场节奏，是否具有投资收益；同时发布概算基线授予项目 Charter-PDCP 的费用。其是产品开发项目的"准生证"。

二是 CDCP（概念决策评审点），主要决策产品是否有竞争力，产品包初始业务计划是否有财务风险。

三是 PDCP（计划决策评审点），就是定好严格的项目范围、进度／计划、质量要求。主要决策产品包业务计划是否可以达成商业目标，项目计划和项目资源是否可以支持项目目标的实现，对产品包需求进行最终确认和冻结，启动风险管理；同时发布预算基线，授予项目 PDCP-GA 的费用。

四是 ADCP（可获得性决策评审点），主要决策产品的量产可获得性，产品完成了产品开发与验证后，大批量生产需要考虑市场渠道、供应链等关键职能部门的协同。ADCP 决策后，在 GA 点（General Availability，通用可获得性）进行项目决算。

五是 EOL-DCP（生命周期决策评审点），主要包含 EOM/EOP/EOS 等决策点，即何时停止市场营销和销售／何时停止生产（含备件）／何时停止服务，对产品退市的各个环节谨慎地进行决策。

另外，还有一个可选决策点，EDCP（早期销售决策点），产品通过 TR5 评审点后，达到质量要求，如个别重要客户在交付进度有特殊要求，可以通过此决策点申请早期销售并准备小批量发货。

2. 专家评审机制

PDT 专家在 IPD 产品开发流程的所有阶段共设置七个技术评审点（TR）进行专业评审，包含以下步骤。

- 由 PDT 开发代表和系统工程师组织预评审，确保待评审内容的质量。
- 在 PDT 经理授权下，由全流程质量管理者（PQA）组织 PDT 核心代表现场进行 TR 评审，并开展必要的技术交流和辩论。
- PQA 与开发代表、系统工程师一起对评审时的问题进行答复和修正，输出评审报告，并得到各核心代表的反馈和确认。
- PDT 经理签发 TR 点结论。

IPD 两条主线体现了两个原则。

一是商业决策与技术评审分离，既从业务主官视角决策商业计划，又从专家视角评审功能领域专业性。业务主官发挥对趋势、行业、市场、客户、竞争、财务各方面充分理解的优势，聚焦关注投资回报和商业成功。专家一方面从各个维度保证产品开发的质量；另一方面，还需要应对不确定性，特别是面向新业务时，专家的价值和作用更为重要。业务投资决策与开发项目形成契约关系，将分阶段商业决策和跨部门项目集成开发巧妙地结合在一起，提高了决策质量和开发质量。

二是优生才能优育。产品 Charter 立项保证做正确的事（优生）、产品开发保证正确地做事（优育），产品开发不能既是裁判员，又是运动员。产品管理部规划人员和产品项目开发人员在不同的子流程中各有侧重，充分协同，提高产品项目的商业成功率。

总之，IPD 通过结构化的流程，进行分层评审和决策，按项目管理的方法进行产品开发，建成了有市场导向、有组织支撑、有资源保障、有质量保证、有风险管理的产品成功模式。

第三节 三大关键子流程之一：产品 Charter 开发与立项流程

华为公司的产品 Charter 开发与立项流程，定义了任务书，保障任务书，高质量交付。其包括市场分析、需求定义、执行策略三个主要阶段。

产品 Charter 开发与立项流程由 CDT 完成，其主要成员和职责如表 9 所示。

表 9 CDT 主要成员及职责

成员	职责
CDT 负责人（来自产品管理部）	• 负责 CDT 的运作管理，包括制定项目里程碑计划、主持项目例会、利益干系人沟通等，按计划完成 Charter 的开发，并保证 Charter 的开发质量 • 负责制定商业计划，并向 IPMT 汇报
CDT 产品管理代表（来自产品管理部）	• 制定客户、第三方（如研究所、标准组织）拜访计划，开展需求调研 • 组织完成市场/竞争/行业/趋势/客户/客户的客户/自身等多维度分析，形成相关分析文档并评审通过 • 组织相关人员开展需求分析，并制定 Charter 初始包需求，确定产品构想
CDT 开发代表（来自开发部）	• 组织完成标准/技术发展趋势/平台/成本/竞争对手产品功能/竞争对手产品性能等分析，形成相关分析文档并评审通过 • 开展新产品技术可行性分析，并给出相关结论
CDT 市场代表（来自 BG Marketing 与解决方案销售部）	• 开展市场策略分析和商业模式分析，制定产品早期上市计划，并准备相应上市资料
地区部需求工程师（地区部 Marketing 与解决方案销售部）	• 负责地区部的客户拜访，标书需求收集，同时对地区部的需求进行分析排序，反馈给产品管理代表

续表

成员	职责
质量保证工程师（QA）	• 从流程角度，辅导并监控 Charter 开发整个过程 • 从质量角度，保证 Charter 开发的最终质量
财经代表	• 输出该产品三年的财务计划，论证产品盈利时间点

做好 Charter 开发是一件非常有挑战的事情。CDP 流程当时是华为根据自己的经验在 IPD 流程中创造的完整子流程，调集了非常多的业务专家、业务主管，开展了大量的开发、验证、试点、推行工作。

笔者在产品线营销工程部有三年 CDT Leader 的工作经验，带的团队是公司最早一批推行 CDP 流程的项目组。记得团队有三十多个模板和指导书，Charter 汇报材料六十多页。团队亲自拜访客户，与客户研讨，参与一线关键销售项目，进行 RFI/RFP 答标，拜访电信行业相关研究院，以确定版本重大市场需求，获取竞争对手重要信息，对标行业标准的新要求，极大地提高了 Charter 的质量；在 Charter 中规划的关键市场需求，很轻松地实现解决方案特性控标，在国内市场战胜竞争对手，在海外市场更是由于市场需求的前瞻性，突破层层防守，获得客户的认可和青睐，产品也从世界第二成为世界第一，当时《通信世界》记者采访时，成就感和喜悦感油然而生，特别是与多个竞争对手的反复竞争，更不断鞭策大家运用 CDP 流程做好产品规划。经过多次 CDP 推行迭代，模板优化十多个，Charter 汇报材料优化成二十多页，更有效、更简洁地指导 Charter 开发工作。

"打样企业" Charter 模板主要包括：利益干系人沟通意见、概要、市场分析、客户分析、技术发展趋势、竞争分析、产品概述与定位、价值需求、产品与关键技术的依赖关系、产品路标、产业链竞合分析、销量预测、产能规划与工厂规划、开发项目里程碑计划、产品上市策略与计划、风险评估与管理、财务分析、PDT 团队成员、决策项。

第四节　三大关键子流程之二：产品开发子流程

华为公司产品开发子流程包含概念、计划、开发、验证、发布等五个阶段，每个阶段有其关键输出和评审/检查要点，以保证产品质量。

概念阶段：对产品市场机会、产品概念是否符合公司和产品线的战略以及总体策略做出准确的评估。该阶段主要输出产品包需求，同时进行 TR1 评审，以保证产品包需求没有遗漏。

计划阶段：对产品进行完整的定义，并制定项目计划，其主要目的是形成最终的商业计划。该阶段主要输出架构与系统设计文档及详细的项目计划，同时进行 TR2 评审和 TR3 评审，以保证 PDCP 决策商业计划时万事俱备，向 IPMT 申请下一步的预算。

开发阶段：根据商业计划进行产品包的开发，并开展各模块功能验证，进行系统集成与验证、制造工艺设计与实施等。该阶段主要输出可供 Beta 验证的产品包，同时进行 TR4 评审、TR4A 评审和 TR5 评审，以确保产品在功能和性能上达到 PDCP 合同的要求。

验证阶段：验证产品，保证产品包做好发布的准备，同时进行 TR6 评审，以确保产品能够量产。

发布阶段：发布产品、具备量产能力，同时制定产品的营销计划（含盈利计划、上市计划等）。该阶段主要输出产品包交付件、营销计划、生命周期计划，并将产品移交给 LMT 团队。

产品开发子流程由 PDT 团队完成，在华为公司，PDT（Product Development Team，产品开发团队）是一个重量级的跨功能部分团队，其成员来自不同的职能部门，包括开发、产品管理、市场、财务、制造、采购、交付服务、质量与运营。

PDT 团队的负责人，一般称为 PDT 经理，作为重量级团队的"领头军"和未来的"商业领袖"，需要具备丰富的工作经验（如 Marketing、销售、开发、项目管理等）、决策能力、变革能力等。

IPD 三个执行团队中，CDT（产品 Charter 开发与立项）、PDT、LMT 各司其职，各负其责。IPMT 既要给 PDT 经理充分授权，又不能随意扩大 PDT 经理的职责和权力，防止 PDT 经理进入自己规划产品、自己开发产品、自己管理产品生命周期的误区。

第五节 三大关键子流程之三：需求管理流程

1. 需求管理

需求管理是一个老生常谈的话题，它看似简单，大多数企业却难以真正做好，往往需求管理存在以下问题。

- 缺乏全员需求收集方法，特别是市场需求的收集没有成为例行的活动。
- 市场需求仅侧重功能，忽视了服务、性能、可靠性、客户体验等。
- 市场人员反映许多需求得不到及时响应，往往石沉大海后靠"吼""告"去唤醒，打击了市场人员需求提交的积极性。
- 市场人员与客户建立关系的过程中没有真正把握住客户的痛点，反馈的需求模糊不清，也无法得到进一步的回复。
- 没有专业团队分析，对产品需求的理解、选择和定义不足。
- 缺乏与客户进行需求确认的环节，需求的不断变化、调整使得产品始终难以定型。
- 对需求的分析、验证缺乏系统的工具，大家抱着走一步看一步的态度。

2. 客户需求

什么是客户需求？

客户需求 = 价值 + 场景 + 问题 + 解决方案

首先，需求必须有价值。在与客户的交流中，市场人员可以用反证法自问，如果没有这条需求，是否也可以？实现这条需求带来的边际效益有多大？需求给客户带来的价值是什么？

其次，需求必须有应用场景，它不是凭空产生的。例如，之前有客户提出对光层业务实现自动永久保护，即光纤断纤后，能在光层不断寻找第二条路径，实现 50ms 保护。这个场景在国内基础设施保护得很好的情况下，其实并不多；但是拜访海外客户、调研海外市场后，发现很多国家由于土地私有，经常出现施工挖断光纤的情况，这个场景就很多了。

再次，需求可以解决哪些客户问题。

最后，需求应有可选的几个实现解决方案，而且这些方案要与客户确认。

需求管理流程关注客户需求及实现过程监控，一般包括需求收集阶段、需求分析与分发阶段、需求实现与验证三个阶段。做好需求管理，需要把握好以下要点。

一是全员形成主动收集需求的习惯，建立起价值需求奖励机制，准确把握市场机会点，提高产品竞争力。

当时笔者所在产品管理部设置的价值需求奖，一条需求高达五万元，激励一线重视并反馈价值需求。

华为在具有前瞻性需求的地区部设置产品管理分部，如中国产品管理分部、日韩产品管理分部、欧洲产品管理分部，每季度都有中长期需求对标、每月有重大市场需求对标，有了分部作为支撑，机关产品管理部专家也经常出差与分部专家共同拜访客户，与客户共同探讨需求。

二是逐步降低紧急需求比重，减少紧急需求对开发项目的冲击，提高版本交付质量。

紧急需求往往需要做 PCR，需要各方面认真思考。记得有一次，接到一线大客户一个竞争项目需求，需要一个月内交付，经开发代表评估，代码 X 万行，经系统工程师 SE 评估，当前产品开发项目有很大技术风险，因为当时的 R 版本准备在一周内过 TR5 点，笔者作为产品管理代表，平时一贯以客户需求为重，但这次拒绝了一线的要求，因为这么大的代码量要在这么短的时间内完成，会影响 R 版本的稳定性，影响其他重要客户的满意度；一线非常不满意，希望机关想办法解决。此需求只能升级，由一线自己在 IPMT 进行市场重大需求汇报，由 IPMT 管理团队裁决。会上，IPMT 既没有接纳该需求，也没有拒绝该需求，而是由产品线派出专家团到客户现场确认需求，最后与客户就解决方案达成一致，投入新的资源纳入定制版本由其他开发团队解决。

二是提高中长期需求比重，为产品规划提升提供需求来源。

成功的产品是规划出来的，所以产品管理部高端专家都聚焦未来，聚焦中长期发展的战略性的需求，在产品规划时形成战略控制点，实现持续领先。

四是采用成熟的 IT 系统统一需求管理，实现端到端可视化。

华为公司的 IT 系统，给笔者印象最深的有三个，都做得非常人性化。iHR，一打开就可以看到自己的年收入、工作经历、任职资格等的系统。SSE，出差申请与报销流程，做得非常人性化，信用非常高的，报销单据三天就可以到账。还有一个就是需求管理系统。

当时笔者作为产品线代表参与了需求管理系统的选型，也是公司首批使用需求管理系统的产品管理人员。由于需求管理系统基本是按照业务场景设计的，所以使用起来非常便捷。

"打样企业"非常重视需求管理，上线的第一个系统就是需求管理 IT，主要包括要点：需求编号；需求标题；需求描述；需求期待交付日期；需求来源，如销售项目、客户拜访、营销活动、功能部门、其他；是否销售项目承诺需求（是、否）；需求提交人；所属地区部；所属客户群；需求提交日期；需求管理团队。

研讨与演练

1. 一方扮演客户,一方扮演产品管理专家,演练需求调研。
2. 分析一个重大市场需求,并通过 RMT 决策。
3. 在新产品 Charter 任务书中,演练财务收益模板。
4. 演练一次 IPMT 决策会议,决策评审点为 PDCP。
5. PDT 核心成员演练一次 TR3 评审。
6. 开展一次 PDT 经理的模拟选拔演练。

关键问答

1. 如何构建和运作 IRB?

"打样企业" IRB 首先落地的核心职责是跨产品的解决方案投资评审,对解决方案的商业成功负责。

另外,当产品投资评审在 IPMT 无法达成决策意见时(一般这种情况非常少见),上升到 IRB 评审。如 IRB 仍未达成一致,则上升到 EMT 决策。

IRB 主任由公司 CEO 指定,要求有两年以上地区部总裁/副总裁的市场经验,一般可以由战略 MKTG 负责人、产品体系负责人、BG 负责人担任。

由于 IRB 最初落地时,主要还是响应市场和客户反馈的跨产品的解决方案冲突管理,所以 IRB 主任由谁承担一般以解决方案管理部所属体系作为参考,如"打样企业"解决方案管理部设置在 BG,则可以由 BG 负责人担任 IRB 主任,同时由产品体系负责人担任 IRB 副主任,相互牵引和制衡。

解决方案管理部设置在 BG,意味着 BG 具有解决方案规划、解决方案营销、解决方案销售与服务等职能,而解决方案的开发通过 IRB 决策后,相关特性落地到产品体系的产品中。

IRB 会议每两个月召开一次,并根据需要召开临时会议。

"打样企业" IRB 核心成员:BG 负责人、产品体系负责人、各产品线负责人、BG Marketing 与解决方案销售部负责人、BG 解决方案管理部负责人、BG 交付服务部负责人、销售体系全球客户群管理部负责人。

采用集体决策制，半数以上同意，议题通过，IRB 主任、副主任均有一票否决权，无一票通过权。

企业在适配 IRB 运作时，开始也可以将解决方案管理部配置在产品体系，孵化解决方案能力，此时由产品体系负责人担任 IRB 主任。但这种模式有一个弊端，就是解决方案离市场、离客户声音太远，产品体系在解决方案领域容易闭门造车，自己保护自己。

对于以战略类新细分市场、战略类新解决方案为重点突破时，解决方案管理部可配置在战略 MKTG 体系，由战略 MKTG 负责人担任 IRB 主任，此时需要在公司 MKTG 部设置市场管理部，制定市场策略。

在 IPMT → IRB → EMT 三层逐渐升级的产品与解决方案投资决策模式时，IPMT 应做实（约占 80% 研发投资预算），更好地满足客户需求，提升产品的竞争力；IRB 和 EMT 的决策约占 20% 的研发投资预算，更快速地解决客户问题，提升解决方案的竞争力。

> 聚焦主航道，围绕商业竞争力构建和全流程系统竞争力提升进行投资管理　　——任总在 IRB 改进方向汇报会议上的讲话节选
>
> - IRB 的投资方向一定要聚焦主航道。投资方向一定要聚焦主航道。要梳理乱投资行为，都并到主航道上来。我们"下午茶"就集中精力吃几个甜点，剩下的让别人做。在公司确定的范围内，所有新产业和新解决方案的立项要在 IRB 决策，IPMT 也可以有立项权，但是不能再往下授权。下层决策团队的决策可以呈报 IPMT，重大的决策呈报 IRB。同时也要禁止到处乱立项，到处乱要钱。
>   - IRB 要做好全流程投资管理，牵引各功能领域的平台建设和系统竞争力能力提升，这部分投资要单列审视，并定期审视投资执行情况及流程日落法情况。
>   - IRB 的投资是从机会到变现的 E2E 全流程的投资。IPD 的本质是从机会到变现，要实现这点就靠 IRB 的投资，好比从北京到广州

的高铁，沿线都要有投资，营销、供应、制造……都有投资。
- 要建立投资可视化和闭环管理的机制，建立科学的投资评价机制，投资闭环要有投资回报率和产生价值评估。
- 关于投资闭环对解决方案的诉求，可以考虑整理一个结算机制。现在要以解决方案为中心来驱动开发，而且也不是什么解决方案都做，只能做几个甜点。

- 产品的竞争力是商业竞争力而不仅仅是技术，IRB 要注重商业成功。
  - 这次 IRB 的改革一定要注重商业改革，以商业为中心，不要只走到技术的牛角尖里面去，我们要的是商业成功，要从全流程去改进，哪怕一年关注一点，也要把全流程关注到。
  - 我们过去是技术导向的公司，包括选拔干部也受到很大影响。往往能力强的人提得快，能力强也是考评考出来的，我们的考评、任职资格管理是以技术能力为导向，没有商业成功的技术导向有什么用。所以我们坚持以责任结果为导向，选拔、晋升员工。我们对价值的评价，要用商业成功来评价，而不是用高端、复杂的技术来评价。任职资格现在都是以能力来评价，这样在前方比如非洲作战肯定吃亏了，虽然产粮食多，但是能力弱。我们要用商业成功结果为导向来评价。

- IRB 要提倡端到端的改进提升，牵引产品的易交付、易维护、易用性等全流程商业竞争力的改进，而不是只关注产品技术，当今面临的竞争是分布在全流程各领域中的。
  - IRB 要牵引产业链 E2E 全流程的竞争力，对产业链 E2E 各领域能力进行研究。
  - 平台要瞄准未来，解决方案要瞄准现实。面向中长期的平台的立项权应该给 ITMT，通过技术和 Marketing 牵引，平台上面的应用由 BG 和 Marketing 牵引。什么都是产品线做，就会烟囱林立，各种重复就是浪费了资源。IRB 就要牵引平台瞄准未来，解决方案要贴近现实。

- IRB 成员要由对应领域的一把手亲自参与。倡导各层决策团队和全体员工解放思想，关注端到端，参与全流程。
  - IRB 成员要由对应领域的一把手亲自参与，不能妥协成委托代表。高层在一起开会，就是头脑风暴，是达到一种共识，对你有用，对别人也有用，派一个代表来，他也拍不了板，也不在一个层面，效果大打折扣。将来哪个领域的代表弱，哪个领域来参会少，他的负责人就可以换到别的工作岗位去。
  - IRB/IPMT/BMT/SPDT 主任是端到端重量级团队的负责人，是承担机会到变现责任的，不能只是研发视角。从机会到变现是各级重量级团队的责任，我们各级重量级团队 Leader 不要自己把自己变成研发的人。
  - 参与决策过程的所有 IPD 管理体系重量级团队成员，不要站在自己岗位本位角度，要解放思想，参与全流程，才能拥抱世界。不能再狭隘关注技术，要关注全流程，关注全流程产生的价值。IRB 要管理好全流程，思想要先改过来，才能做到全流程。然后再改你们的各级 IPD 核心代表，也要站到全流程，有屁股是对的，但是要有全流程视角。
  - 改变工作作风，深入现场。我们公司 PPT 文化太重了，经常讲了半天还没有进入正题，要求直接进入主题，五分钟就要把一个重要事情讲完。
  - IRB 支撑组织：需要有独立的专家参谋机构，研究全流程能力，高级主管需要有秘书处，专门受理内部管理不善的投诉问题。
- 整理 IPD 变革系列故事，学习 IPD 精髓。
  - IPD 序言已清楚诠释 IPD 的本质，IRB 成员要重读 IPD 序言，学习 IPD 精髓，真正把 IPD 和 IRB 搞明白。
  - 后续关于 IRB 运作改进的 EMT 纪要公布后，鼓励 EMT 领导、IRB 领导、IPD 顾问等都分享 IPD 变革的心得文章，贴到网上激发员工思考。

> 我们的变革就是要让大家知晓，光是靠讲话和流程大家看不懂，一定要靠故事。IPD 变革也去写一本书，成功、失败的故事都可以写，像"枪林弹雨""厚积薄发"一样，通过小故事中的大道理来改变全体员工的思想，让基层员工知道公司的方向是什么，端到端到底是什么意思。高层领导要多写一些文章，写自己参与变革的深刻感受，通过故事讲明白深刻道理。

2. 如何开好 IPMT 会议？

IPD 落地打好基础的事情就是开好 IPMT 会议，如果连商业投资决策的会议开不好，会议没有充分讨论和辩论，决策没有质量，决策没有落地，决策没有回溯，是不可能做好 IPD 的。

"打样企业"召开 IPMT 会议时，制定了相应的规则，对各个成员明确了相关的职责和要求，要求成员共同遵循，提高集体议事和决策能力。

- IPMT 主任：主持评审会议。
- 产品线质量与运营部部长担任 IPMT 执行秘书。
  ‣ 会前，与 IPMT 主任充分沟通，发出会议通知，并提醒 IPMT 成员预审会议材料。
  ‣ 会中，负责维持会议秩序和维护会议时间，按议程记录各评委的讨论要点和关键结论，以及最终的决策结论；同时对各议题遗留问题、责任人、协同部门、完成时间等进行记录和现场确认。
  ‣ 会后，发布会议纪要，并监控会议遗留问题闭环。
- PDT 经理：会前需要带领团队完成相应的预沟通，通常需要用会议做的预沟通有市场预沟通、研发预沟通、交付与服务预沟通；会中对 DCP 材料进行汇报讲解，并对 IPMT 成员的提问进行答复或答辩；会后要求尽快落实会议结论。
- IPMT 成员包括 IPMT 主任、营销工程部部长、Marketing 与解决方案销售部部长、研发管理部部长、产品线制造部部长、产品线质量与运营部部长、产品线财经部部长、产品线采购部部长、产品线交付与服务部部长等部门主官，共九名，相当于"群龙议事，主任当责；九龙治水，各管一方"，即通过委员会的方式落实好各自在项目中承担的责任，应提供的能力和资源。

3. 什么是产品组合规划？

产品组合规划，即每年由产品线 PMT 进行产品线所有产品的规划，形成产品组合清单，输出产品组合策略和产品路标。

为实现"做正确的事"，在公司和产品线战略规划的指导，以及 BG 市场洞察和市场管理的驱动下，产品管理部有三大业务：一是需要进行产品战略的规划，制定产品线级产品组合规划，为 Charter 开发指明方向和开发节奏；二是进行 Charter 开发和立项，以承载需求管理、产品组合规划结果，进行产品包定义，完成商业计划书，指导产品开发落地；三是将需求管理作为日常工作，作为战略规划、产品组合规划、Charter 开发、IPD 产品开发的基础，如图 16 所示。

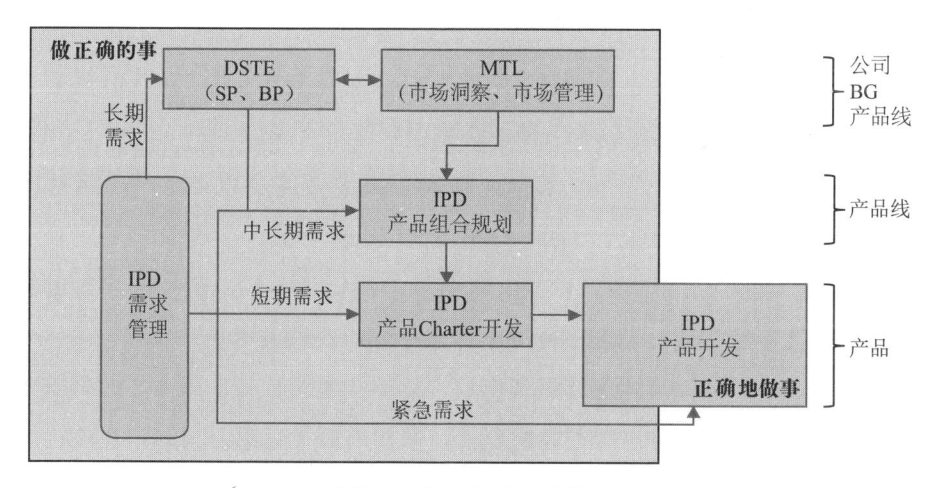

图 16 产品组合规划与其他流程关系示意

PMT 团队，在公司战略的基础上，在产品线层面进行规划、解码、将产品线的关键工作任务逐层分解下去。例如，"打样企业"的公司战略给产品体系、BG、销售体系都下达了 50 亿元收入的目标，L 产品线承担了 20 亿元，这个 20 亿元的收入目标需要通过 KPI 分解到产品线所有主管部门的组织绩效目标，包括 L 产品线实线管理的研发管理部、营销工程部，以及虚线管理的 L 产品 Marketing 与解决方案销售部、L 产品制造部等，与 BG、销售体系下达的收入指标的逐层分解进行互锁，最后分解到基层员工的个人 PBC。这种三维度的战略解码可以挤掉很多水分，数据也更真实，可以使每个组织和个人明确任务。

产品战略是公司非常机密的内容，记得当时做产品战略时，需要在特殊的电脑环境中花几个月写产品战略材料，资料很多，每个人按模板要求输出，但结果不允许拷贝到个人办公电脑，即使是承接产品战略的开发部门，也拿不到这个资料的全部内容。笔者在一些公司看到，战略会的资料没有专门管理，没有做好信息安全的严格控制，这个是非常需要注意的。

4．什么是需求的层次？

华为需求管理 IT 系统，称为 OR（Offering Requirements），是指明确的功能、性能要求，客户大致已经描述这个需求如何实现，确定要的是一个解决方案。

往往在需求调研中，会碰到客户对需求不同层次的表达，这个时候需要调研人员静下心来与客户讨论清楚，避免误判客户需求。

Needs：客户必需的一个东西，但是不知道如何实现。此时"路标交流"派上用场，可以跟客户一起探讨将来我们会如何做。

Wants：客户想要一个东西。此时可以"闭门造车"，初步描述自己的想法，获取与客户深入沟通的机会。

Pains：客户只知道业务哪里有痛点，但不知道想要什么东西。此时需要"隔山打牛"，发挥自己对行业的理解及掌握的海量信息，与客户交流行业内其他客户的成功案例。

5．客户需求非常多，我们是以客户为中心的文化，所有需求都要接纳吗？客户需求如何排序？如果部分不接纳，怎么拒绝？

企业的资源是有限的，客户需求不仅存在多样性，而且在当下实现所有需求涉及的资源必然远超过企业资源；所以，从能力上不可能接纳所有客户需求，需要按"优质资源向优质客户倾斜"的原则进行排序。

可以从三个维度综合排序：是否是战略客户；是否是优先进入的细分市场；是否是重点竞争对手项目。

拒绝需求在当前版本不接纳，并不意味着永远不接纳。可以将客户需求放在远期路标中，并与客户进行路标沟通。

6．什么是产品包需求？

在华为，产品包是产品开发团队对外部客户和内部客户交付的统称。

产品包需求是对最终交付的产品包进行完整、清晰、合理的规范描述；来源于对客户问题和客户原始需求的分析判断加工，包括"客户需求＋特性需求＋系统需求"。一般情况如下所述。

- 在 Charter-DCP 时决策产品包需求初稿（主要是客户需求）。
- 在 CDCP 时决策产品包需求定稿。
- 在 PDCP 时冻结产品包需求。
- PDCP 后如有特殊情况需要修改产品包需求，需要走 PCR 流程进行变更。

7．什么是 PCR？

PCR（Project Change Request）项目更改需求，主要是在产品开发已经通过 PDCP 决策点后，有来自市场的紧急需求，经过 RMT 及 CCB（变更控制委员会）双重确认，通过规范的项目变更请求，进入正在开发的产品或解决方案项目中，保证市场紧急需求及时得到满足，具体流程如下所述。

RMT，产品管理代表为责任人，负责市场需求纳入产品开发项目的必要性。

CCB（Change Control Board），系统工程师（SE）为负责人，负责技术可行性。

PCR 由 PDT 经理向 IPMT 申请 PCR 决策。

8．在产品开发中，如何协调好产品、平台、客户定制需求的关系？

R 版本指在 18 个月对外路标中承诺给市场和客户的版本，C 版本指 R 版本之外的，客户定制的客户化版本。

理清三条主线，并做好三条主线间的协同：标准化产品的路标规划和 R 版本立项与开发；平台路标与平台版本立项与开发；客户个性化需求规划和 C 版本立项与开发。

其中，平台的规划与开发非常关键，需要达到三个要求。

一是标准化：架构好，具有前瞻性，与业界主流技术方向一致。

二是通用化：灵活被各个主流产品/定制产品调用。平台特性不是做得越多越好，而是模块化、场景化、可拆卸、可组装、快速适应不同场景，有效降低成本。

三是简单化：软、硬件解耦，可以各自升级，容易维护。

9. 解决方案分为哪几类？各由什么流程负责？

解决方案一般分为三大类：水平解决方案、垂直解决方案（又称"行业解决方案"）、客户解决方案。所有解决方案的具体规格开发都由 IPD 流程定义。

水平解决方案规划由 IPD 流程负责，为所有行业提供通用的功能。垂直解决方案规划由 MTL 流程负责，需要根据行业需求在产品、水平解决方案的基础上调用 IPD 流程进行软能力的开发、集成与验证。客户解决方案设计由 LTC 流程负责，需要针对具体客户的痛点和需求设计好以后，在水平解决方案或垂直解决方案的基础上调用 IPD 流程进行开发适配。

10. 什么是 SDT[①]？

SDT（Solution Development Team），是 IPD 流程术语，指解决方案开发团队。与产品开发团队 PDT 相似，SDT[①]由相关核心代表组成，对解决方案的竞争力负责。

"打样企业"解决方案的规划由 BG 解决方案管理部负责，解决方案开发由产品体系负责，解决方案的营销和销售由 BG Marketing 与解决方案销售部负责。

SDT[①]的负责人和解决方案管理代表都来自解决方案管理部。SDT[①]的开发资源根据客户需求由各产品线给出预算，在 IRB 上进行解决方案 Charter

的立项和各 DCP 点决策。

11. 如何构建一个简化版 IPD 流程？

理解了 IPD 的流程架构、组织、核心要点后，可以用创造性的思维，尽量简化 IPD，既包含 IPD 流程的精髓，又可以最大化发挥其价值，通过快赢和渐变的方式不断夯实能力，提高研发组织效率。

- 组建 IPMT 管理团队，按商业经营思维管理产品开发。
- 产品管理部、产品开发部、Marketing 与解决方案销售部三个部门一定要各自独立，部门人员虽然少，但职级高，这是精兵模式。
- 裁剪和合并决策评审点（DCP）。只保留 Charter-DCP、PDCP（将标准版的 CDCP 与 PDCP 合并）、ADCP 三个决策点。这样 IPMT 管理团队既能够抓住关键点，又能够高效前进。
- 裁剪 TR 点，只保留 PDCP 前的 TR1、TR3 和 ADCP 前的 TR6。技术评审点由 CCB 委员会来做。
- 简化 PDT 核心团队，团队由 PDT 经理、开发代表、产品管理代表、市场代表、质量与运营代表组成，试行矩阵式组织。

他山之石

客户购买产品，一般都很关注以下五个方面：产品质量高、可靠稳定；技术领先，满足需求；及时有效和高质量的售后服务；产品的可持续发展、技术的可持续发展和公司的可持续发展；产品功能强大，能满足需要且价格有竞争力。其他公司有可能很容易做到其中的一条，但要同时做到五条不容易。我们华为紧紧围绕着客户关注的五个方面的内容，将这五条内容渗透到公司的各个方面。

1. 基于客户需求导向的组织建设

在公司的组织结构中，建立了战略与 Marketing 体系，专注于客户需求的理解、分析，并基于客户需求确定产品投资计划和开发计划，以确保客户需求来驱动华为公司战略的实施。在各产品线、各地区部建立 Marketing 组织，贴近客户倾听客户需求，确保客户需求能快速地反馈到公司并放入产品的开发路标中。同时，明确贴近客户的组织是公司的"领导阶级"，是推动公司流程优化与组织改进的原动力。

2. 基于客户需求导向的产品投资决策和产品开发决策

华为的投资决策是建立在对客户多渠道收集的大量市场需求的去粗取精、去伪存真、由此及彼、由表及里的分析理解基础上的，并以此来确定是否投资及投资的节奏。已立项的产品在开发过程的各阶段，要基于客户需求来决定是否继续开发或停止或加快或放缓。

3. 在产品开发过程中构筑客户关注的质量、成本、可服务性、可用性及可制造性

任何产品一立项就成立由市场、开发、服务、制造、财务、采购、质量人员组成的团队（PDT），对产品整个开发过程进行管理和决策，确保产品一推到市场就满足客户需求，通过服务、制造、财务、采购等流程后端部门的提前加入，在产品设计阶段，就充分考虑和体现了可安装、可维护、可制造的需求，以及成本和投资回报。并且产品一旦推出市场，全流程各环节都做好了准备，摆脱了开发部门开发产品，销售部门销售产品，制造部门生产产品，服务部门安装和维护产品的割裂状况，同时也摆脱了产品推出来后，全流程各环节不知道或没有准备好的状况。

4. 基于客户需求导向的人力资源及干部管理

客户满意度是从总裁到各级干部的重要考核指标之一。客户需求导向和为客户服务蕴含在干部、员工招聘、选拔、培训教育和考核评价之中，强化对客户服务贡献的关注，固化干部、员工选拔培养的素质模型，固化到招聘面试的模板中。现在很多人强调技能，其实比技能更重要的是意志力，比意志力更重要的是品德，比品德更重要的是胸怀，胸怀有多大，天就有多大。要让客户找到自己需求得到重视的感觉。

5. 基于客户需求导向的、高绩效的、静水潜流的企业文化

企业文化表现为企业一系列的基本价值判断或价值主张，企业文化不是宣传口号，它必须根植于企业的组织、流程、制度、政策、员工的思维模式和行为模式之中。多年来，华为一直强调：资源是会枯竭的，唯有文化才会生生不息。不断强化"为客户服务是华为生存的唯一理由"，提升了员工的

客户服务意识，并深入人心。通过强化以责任结果为导向的价值评价体系和良好的激励机制，使得我们所有的目标都以客户需求为导向，通过一系列的流程化的组织结构和规范化的操作规程来保证满足客户需求。由此形成了静水潜流的基于客户导向的高绩效企业文化。华为文化的特征就是服务文化，全心全意为客户服务的文化。

——任总《华为公司的核心价值观》节选

（2004年）

第四章
不断做厚做深做宽客户界面，
LTC 打赢"班长的战争"

> 我们系统部的"铁三角"，其目的就是发现机会，咬住机会，将作战规划前移，呼唤与组织力量，实现目标的完成。系统部里的三角关系，并不是一个三权分立的制约体系，而是紧紧抱在一起生死与共，聚焦客户需求的共同作战单元。它们的目的只有一个，满足客户需求，成就客户的理想。它是作为客户在公司 LTC 流程中的代表，驱动公司满足客户需求，它们拥有的权力实质是客户授予的。它们是站在客户的角度来审视公司运作的。由于在"铁三角"中，有多种角色，使我们更有能力做好普遍客户关系和提升客户满意度，我们要改变以往对决策层漫灌，到对普遍客户关系滴灌。
>
> ——任总在 2010 年年度市场工作会议上的讲话节选

销售也需要流程吗？

销售是最不希望被管住的，能管住还能做销售吗？

这是咨询顾问经常被企业销售大拿挑战的问题。

实际上，大部分人干销售是不讲究流程的，以标杆公司的执行力，推行 LTC 变革一段时间后，顾问评估了一下：我之前公司大概 80 分水平，你们现在十几分吧，可见 LTC 流程建设之难。

所以，笔者往往不敢正面回答，也难以回答，只能试探着反问：

做过第三方客户满意度调查吗？客户真实的抱怨、痛点清楚吗？客户关系足够稳定吗？客户的采购流程掌握了吗？

合同质量高吗？交付和回款风险大不大？

销售人员有成就感吗？销售人员组织能力高还是个人能力高？流动率高吗？

经过深入交流，销售部门往往是最让企业不放心的，因为销售承载着企业的资金流，是企业的命脉所在。

销售流程只是 LTC 的一部分，尚且争议很多。

因此，是否引入 LTC？能不能做好 LTC？一定不能看几个销售人员的意见或销售部门的意见，而是 CEO 带领管理团队，与顾问先进行多次共创，达成共识，然后选择一到两个业务痛点先做起来，"摸着石头过河"。

第一节　LTC 的本质是销售业务操作系统

LTC 变革并不是简单的销售领域的流程优化，更不仅是建立销售流程，而是在业界标杆实践的基础上，适配出企业的"销售体系业务操作系统"，是对整个销售体系的重塑。

首先，不断"做厚做深做宽客户界面"，建立企业与客户的持续连接，持续成就客户价值，帮助客户商业成功。

其次，对准客户战略痛点，改变销售组织阵型，提升人员作战能力和效率，建立一支能征善战、"攻城"和"守城"能力兼备的销售队伍。

最后，在深刻理解客户业务流程和采购流程的基础上，对准客户流程，开展从客户视角出发的企业内部业务流程重构，不断持续优化业务模式，实现销售主业务流程与其他流程集成，提升企业财和物的效率，提升销售利润和利润率；从架构上简化业务流程，实现一线自主作战。"打样企业"LTC 流程架构如表 10 所示。

业界在营销领域有几个基本概念，代表了客户的购买历程。

Response（响应）：客户通过线上或线下的多种方式，如发邮件、打电话、点击企业官方网站并留言，开始咨询企业的产品或解决方案，往往代表了客户业务存在"冰山底下"的诉求或痛点。

Lead（线索）：客户在特定的时间范围内，表现出对企业的产品或解决方案的潜在购买意愿，企业可以参与提供并可能存在交易机会。

Opportunity（机会点）：客户开始启动采购预算，并明确采购行动计划，如对行业供应商发招标书，对企业来说已形成明确的交易机会。

表 10　"打样企业" LTC 流程架构

L1				3.0 LTC			
L2	管理机会点	管理客户解决方案	管理授权与行权	管理合同生命周期	管理项目群	管理销售运营	
L3	管理线索	验证机会点	客户系统评估	管理销售评审	管理合同模板/要素	管理销售项目群	管理销售指引
	生成线索	客户解决方案设计	管理销售决策	管理合同文档	管理交付项目群	管理销售预测	
	分发线索	管理销售配置	管理销售授权			管理销售项目	
	推进线索	管理销售报价				管理交付项目	
	标前引导						
	制定并提交标书						
	谈判和生成合同						
	管理决策链						

L2	管理合同执行					
L3	管理合同接收和确认	管理交付	管理开票和回款	管理合同变更	管理风险和争议	关闭和评价合同

"打样企业"根据业务概念模型转换的实践，适配了打分模型，通过 IT 系统实现"响应—线索—机会点"的自动转换。"打样企业" R-L-O 转化模型如表 11 所示。

表 11 "打样企业" R-L-O 转化模型

分数	采购预算	客户授权人	业务需求	采购时间
100	预算到位	决策人	需求明确	已经明确具体采购时间
80	预算申请通过，但是没有到位	主要的技术、商务影响人	部分关键需求已经明确	预计在当年采购，但是没有明确具体时间
60	预算已经申请，但尚未获批	在项目中负责提出需求	已明确部分需求，还有潜在需求在探讨	采购计划没有明确，但有具体的时间，且采购时间在本年度
40	在公司战略规划中，已经看到有此预算，但不知道是否有变化	参与项目，但不是主要影响人	暂时并不清楚需求是什么	采购时间不在本年度，在明年
20	近期还没有打算申请预算	参与项目	暂时没有需求，但希望企业能提供产品和解决方案学习	目前没有计划，更不知道采购时间

此模型中，四项均为 20 分，则可以判断其为响应；四项均达到 40 分，则可以判断其为"冷"线索；四项均达到 60 分，则可以判断其为"温"线索；四项均为 80 分，则可以判断其为"热"线索；四项均为 100 分，则可以判断其为机会点。

其中管理 Response 在 MTL 流程中，LTC 主流程包含三个 L2 级模块：管理线索、管理机会点、管理合同执行。

在主流程上可以设置四个关键决策评审点，决策组织称为 SDT[②]（销售决策团队）；当采用项目模式运作大客户复杂项目时，还可以在主流程上设置项目"四算"，实现项目经营，如图 17 所示。

立项投资评审与决策（Authorize to Invest）：主要评审机会点的可行性、机会点的策略、机会点的关键资源投入，适合项目运作的重大机会点还包括项目的评级。

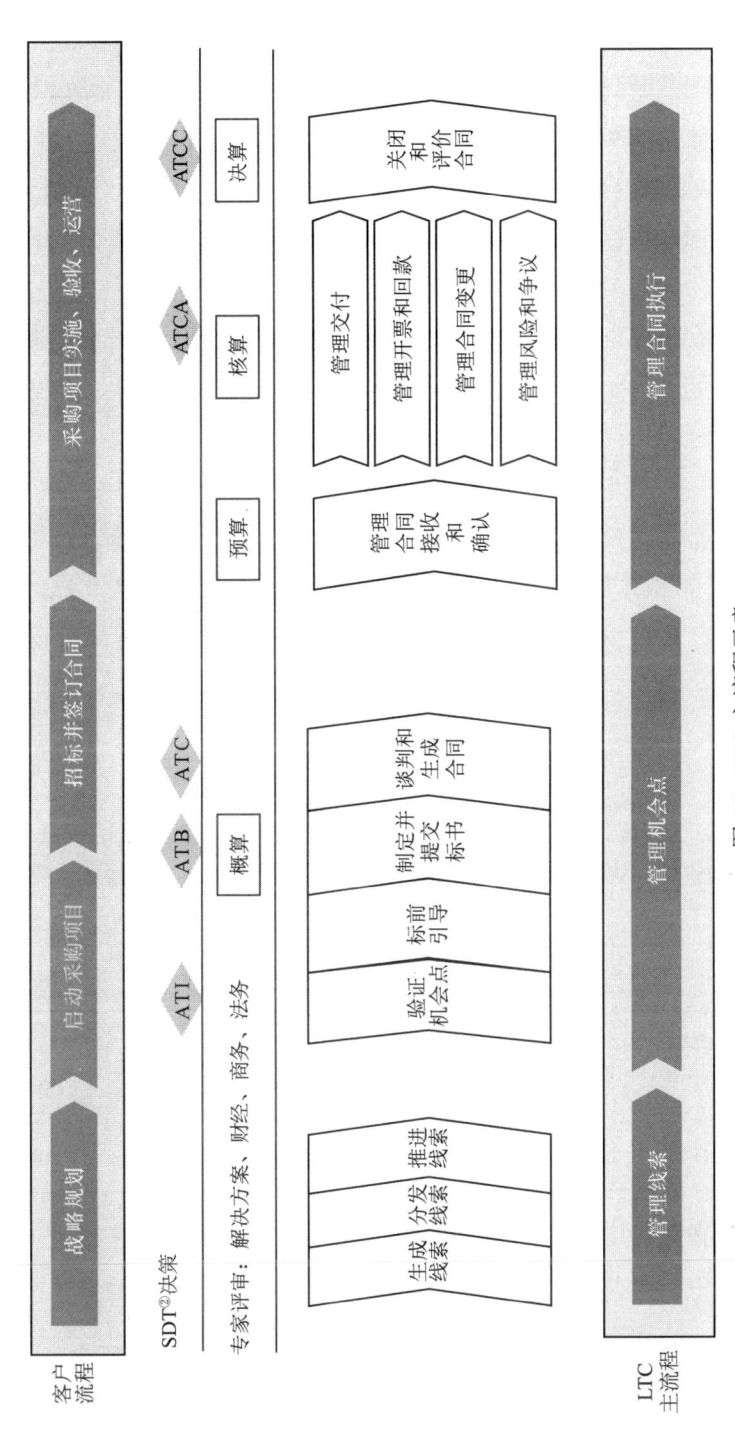

第四章 不断做厚做深做宽客户界面，LTC 打赢"班长的战争"

图 17 LTC 主流程示意

投标评审与决策（Authorize to Bid）：主要评审需求和策略、总体方案、投标书。

签约评审与决策（Authorize to Contract）：主要评审合同相关要素、商务、条款、风险等，以生成高质量的合同。

合同关闭评审与决策（Authorize to Close Contract）：主要评审合同是否可以合规关闭。

另外，在主流程中还可以设置一个决策评审点，即合同变更/风险评审与决策（Authorize to Contract Amendment/Risk），主要评审合同变更、合同履行风险、合同履行争议等。

为提高决策效率，一般在 L2 级模块"管理授权行权"中定义规则，自上向下授权落实决策责任。例如，基于合同营利性、合同现金流、客户授信额度、合同条款等要素基本授权，可设置四级销售决策团队：EMT、销售体系 SDT[②]、地区部 SDT[②]、代表处 SDT[②]；达到 70% 的合同在代表处审结，实现授权前移，让"听得见炮声的人指挥战斗"。销售决策责任如表 12 所示。

表 12 销售决策责任

决策组织	决策机制	组长	决策合同数量
EMT	少数服从多数	CEO	约 10%
销售体系 SDT[②]	组长决策制	销售体系总裁	
地区部 SDT[②]	组长决策制	地区部总裁	约 20%
代表处 SDT[②]		国家代表	约 70%

这样，在公司授予的权限和预算范围以内，一线具有经营管理、奖金分配、资源调度、相关重大问题决策、成员绩效目标承诺和关键绩效指标制定等重要权利，有利于调动一线团队的积极性和创造性，有利于涌现一批"少将连长"，有利于培养销售与经营接班人，使"打胜仗成为一种信仰"，使其持续获得成就感。

第二节　合理控制 LTC 变革节奏，设计变革方案，确保变革成功

LTC 的变革目标是"多产粮食，增长土地肥力"。以下为"打样企业"的 LTC 五年路标。内容展开后非常多，仅供参考。企业在对销售业务"顿悟"后，需要根据自身业务痛点和业务能力合理选择、控制节奏，通过"渐修"构建自己的 LTC 体系，如图 18 所示。

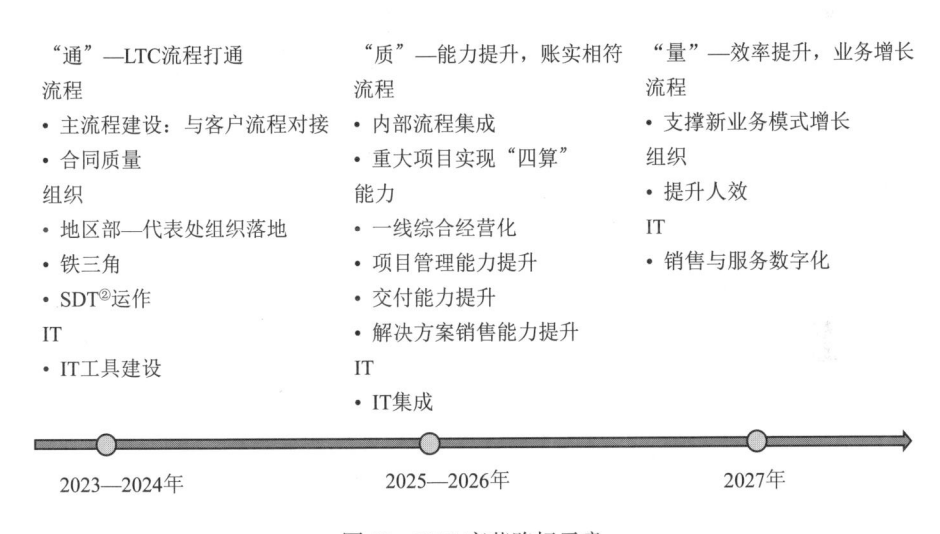

"通"—LTC流程打通	"质"—能力提升，账实相符	"量"—效率提升，业务增长
流程	流程	流程
• 主流程建设：与客户流程对接	• 内部流程集成	• 支撑新业务模式增长
• 合同质量	• 重大项目实现"四算"能力	组织
组织	• 一线综合经营化	• 提升人效
• 地区部—代表处组织落地	• 项目管理能力提升	IT
• 铁三角	• 交付能力提升	• 销售与服务数字化
• SDT^②运作	• 解决方案销售能力提升	
IT	IT	
• IT工具建设	• IT集成	
2023—2024年	2025—2026年	2027年

图 18　LTC 变革路标示意

LTC 变革有三重境界，具体如下所述。

初级境界，实现业务流打通：LTC 流程总结了销售业务的最佳成功路径，就是通过与客户流程对接，将组织能力重装到客户界面和一线，从"游击战"到"阵地战"，从而实现与客户做生意更简单更高效的目标，不断提高客户满意度。

中级境界，夯实业务能力：LTC 流程从业界标杆和企业优秀业务实践中整合和沉淀销售方法、模板，并开发先进的 IT 工具，如线索推进方法、

项目管理方法、合同质量提升方法、解决方案销售方法、"五环十四招"等，方便一线作战；同时提升作业质量，实现账实相符，使企业财务运营更加稳健。

高级境界，提高业务效益和效率：LTC 流程通过数字化作战实现效率提升和业务增长。此阶段核心在于销售与服务数字化，实现从"点上、线上、面上"的攻击力向"体上"系统级的作战升级，运作更高效。

LTC 变革路标中的每一项，对应一个变革方案。

1. 《地区部-代表处组织落地变革方案》要点

- 地区部组织设计：含明确部门及关键岗位职责、管理关系、考核及能力要求。"打样企业"的地区部组织如图 19 所示。

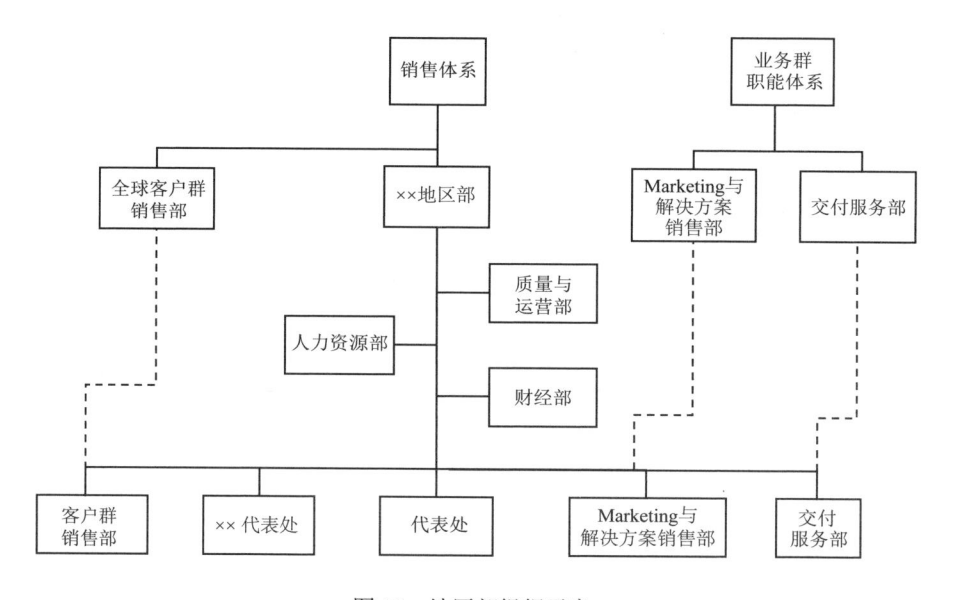

图 19　地区部组织示意

- 地区部 / 代表处会议机制。
  ‣ 地区部 / 代表处战略规划会议。
  ‣ 年度 / 半年度会议。
  ‣ 季度 / 月度经营分析会。
  ‣ 地区部 / 代表处 SDT[②] 会议。

- 月例会（客户、项目、竞争、风险）。
- 周例会（客户、项目、竞争、风险）。
● 代表处组织设计：含明确部门及关键岗位职责、管理关系、考核及能力要求。
● 项目型组织设计：明确项目型组织在整个管理体系的定位；优化项目型组织的管理控制，包括项目型组织的生成、任命、责任、授权、考核及预算的获取与执行。

2.《合同质量变革方案》要点

合同，是 LTC 流程最重要的业务对象之一，什么都好，不如合同签得好。好的合同是设计出来的，有时候要通过合同引导客户，地位公平，权责对等，帮助客户养成良好的交易习惯。

笔者经常讲，"以客户为中心"是很高的境界，"客户愿意跟着你走"是更高的境界。

合同质量包括两部分：合同生成质量、合同履约质量；好的合同至少要满足以下关键要求：

- 匹配客户需求，解决客户问题。
- 符合企业市场策略，商务条款合理，可盈利。
- 降低交付过程的风险，可验收在 LTC 管理机会点环节，交付人员需要充分参与。很多公司对交付重视程度不够，与客户讨论解决方案和谈判时，如何高质量交付讨论得非常少，导致合同签订后，项目交付实施时各种问题层出不穷。
- 控制财务风险，可开票和回款。

3.《铁三角变革方案》要点

"铁三角"强调使用联合力量作战，使客户感到企业是一个整体，主要流程角色是 AR（客户代表）、SR（解决方案负责人）、FR（交付与履行负责人）。

在华为，"铁三角"代表客户，以客户为中心开展所有工作，当客户有需求时，"铁三角"一方面通过自身能力满足客户需求，如果缺乏能力，还可以呼唤机关的炮火，这时候，流程机制保障了机关如何进行支持，凡是不能直接或间接为"铁三角"提供炮火的机关组织，可以被精简甚至被裁掉，因为这个组织没有角色在流程中。

一般情况下，"铁三角"的 AR 担任这个团队的项目经理，SR 和 FR 为核心成员。从整体职责来看，AR 是经营指标（格局、增长、盈利、现金流等）达成、客户满意度、客户关系建设、竞争管理、"铁三角"运作的第一责任人。SR 是解决方案第一责任人，从解决方案角度帮助客户实现商业成功，对解决方案的业务目标负责。FR 是交付与服务的第一责任人，为客户提供及时、准确、优质、低成本交付，对交付满意度承担第一责任，对交付经营目标（收入、交付成本率、存货周转率、超长期未开票）负责。

在整个流程运作过程中，三个角色的投入及作用在不同阶段会有所不同，如图 20 所示。

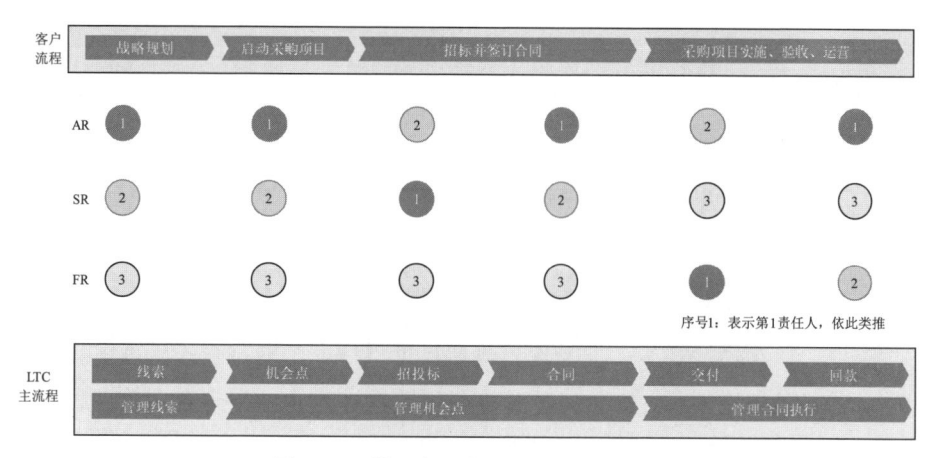

图 20 "铁三角"执行 LTC 流程示意

4.《内部流程集成—配置打通变革方案》要点

配置打通，本质是解决销售数据、交付数据、生产数据、产品数据、财务数据联合贯通的问题，实现合同对准交付，交付对准回款，其中的关键在于物料清单（BOM）转换，即销售配置、产品配置、制造配置在客户交易过程中的全流程打通，如图 21 所示。

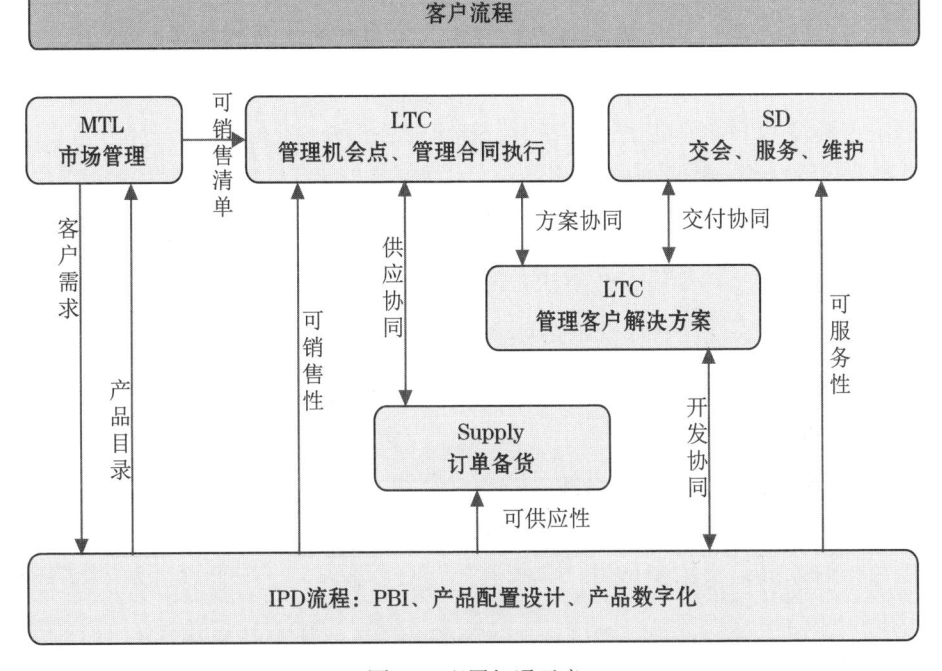

```
                        客户流程
┌─────────────────────────────────────────────────────────┐
│                                                         │
└─────────────────────────────────────────────────────────┘

  ┌──────┐   可销售   ┌──────────────┐         ┌──────────┐
  │ MTL  │   清单     │    LTC        │         │   SD     │
  │市场管理│─────────→│管理机会点、  │         │交会、服务、维护│
  └──────┘           │管理合同执行   │         └──────────┘
                     └──────────────┘
                            │  方案协同    交付协同  │
                            │      ┌──────────┐    │
                       供应  │      │   LTC    │    │
                       协同  │      │管理客户  │    │
                       可    │      │解决方案  │    │
                       销售  │      └──────────┘    │
                       性    │           开发协同   │
                            ┌──────────┐          │
                            │  Supply  │          │
                            │ 订单备货  │          │
                            └──────────┘
                              可供应性

  ┌─────────────────────────────────────────────────────┐
  │  IPD流程：PBI、产品配置设计、产品数字化              │
  └─────────────────────────────────────────────────────┘
```

图 21 配置打通示意

- 产品配置：实现以 PBI 为基础的产品数字化，驱动 IPD 可销售性、可供应性、可服务性提升。实现销售合同配置到制造 BOM 的打通，合同转换为供应链订单有统一的规则支撑。
- 投标配置：实现商务信息流打通。从合同到订单、生产工单、发货、验收单，再到回款、开票使用统一的编码规则，信息之间进行关联。
- 交付配置：交付验收配置自动化。
- 财务配置：从数据源头上统一业务和财经语言。

5．《销售与服务数字化变革方案》要点，以核心角色为中心，集成知识、专家和能力，构建一站式工作平台，实现数字化合同、数字化交付和数字化运营

- 一站式工作平台，统一入口，交易简单高效。
  - 针对不同角色如管理者、CC3、Marketing、产品经理、投标经理、

质量与运营 BP 提供一站化的工作界面和差异化功能，贴近用户使用习惯；支持随时随地安全接入公司网络，获取丰富的 IT 服务，进行协同办公。
- ▸ 支撑自主学习和共创研讨，提供工作交流空间。
- ▸ 分享大客户销售经验。
- ▸ 分享客户解决方案设计。
- ▸ 分享客户采用企业产品和解决方案后的成功案例。

● 数字化合同：合同数据可视，可实现数字化归档。

合同主要分三类：一是公司标准合同；二是客户标准合同；三是针对具体项目谈的合同。

- ▸ 建立清晰的合同标准：首先，建立合同定义及要素分类标准；其次，建立数据同源标准，促进合同数据结构化；最后，建立合同风险管理标准。
- ▸ 对合同的处理进程进行严密的管控：严格执行公司合同决策机制，通过线上记录或线上决策提高决策质量。
- ▸ 对合同的结果采用准确的度量：常见的指标有贡献毛利率、风险资金占毛利比率、关键要素缺陷率等。

第三节　大客户业务按项目运作，提升项目经营能力

项目是企业经营管理的基础，一般来说，企业项目包括研发项目、营销项目、销售项目、交付项目和变革项目。

在 2B 类销售中，大多数企业在选择供应商的时候，企业内部一般有准入认证的流程，后续只针对自己认证过的短名单企业发标。所以，对供应商来说，第一个门槛就是要进短名单，然后还有激烈的招投标环节，以及苛刻繁复的交付与服务。可以说，整个过程用"过五关斩六将"来形容都不为过。

另外，2B 大客户业务往往是持续型销售，需要获取优秀企业的长期信任，这需要漫长的时间和充分的投入。显而易见，从投入产出比、投资效率和人均产值来看，2B 销售整体做成功需要坚持一个原则，优质资源向优质客户倾斜。

所以，为了集中有限的资源服务好优质客户，一般情况下，可以把客户分为 S、A、B、C 四级，S 级客户为战略客户，A 级客户为伙伴客户。针对 S 级客户和 A 级客户，销售线索、销售机会点、工程和服务交付建议都按照项目运作，工程和服务交付项目还应该实现项目经营，一方面提高企业优质资源的使用价值，另一方面提高客户满意度。如图 22 所示。

1. LTC销售机会点项目包含的四个阶段

- 线索推进阶段。
  - 与客户战略规划流程对接，寻找业务突破点，使客户对企业方案产生兴趣和购买意愿。
  - AR 担任线索推进工作组组长。
  - 关键输出有机会点立项汇报材料，包括客户战略、客户痛点和需求分析、客户预算、采购周期、客户关系、客户权力地图、决策模式等。

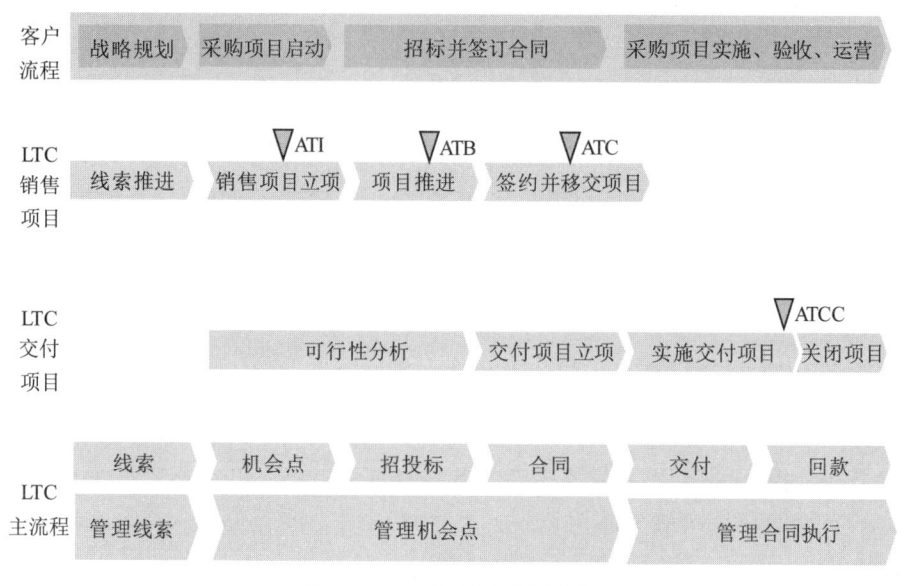

| 客户流程 | 战略规划 | 采购项目启动 | 招标并签订合同 | 采购项目实施、验收、运营 |

LTC销售项目: 线索推进 | 销售项目立项（ATI） | 项目推进（ATB） | 签约并移交项目（ATC）

LTC交付项目: 可行性分析 | 交付项目立项 | 实施交付项目 | 关闭项目（ATCC）

LTC主流程: 线索 | 机会点 | 招投标 | 合同 | 交付 | 回款
管理线索 | 管理机会点 | 管理合同执行

图22　LTC按项目运作示意

客户关系是核心生产力，AR全方位和多角度地深入洞察客户，理解客户的业务，并构建"组织客户关系"，在客户进行战略规划时即深度介入，能够给客户的战略提出建议，而且能跟客户一起做业务规划，甚至一些重要的项目问询书（RFI）都可以跟客户一起写，从而发现该客户的发展机会。

例如，海外一代表处的客户关系非常好，技术上已经得到客户的高度认同，笔者受一线邀请参与客户战略工作坊，为客户介绍了更领先的技术，客户当场表示不太相信该技术已经产品化，要求写入RFI，我们当然乐意，因为这样可以直接屏蔽竞争对手。后来与一线商量，直接邀请客户首席技术官（CTO）参观华为，并特地安排了重点实验室参观和亲自网上设备验证。后来该项目很快中标，这就是销售项目的最高境界，"功夫在诗外，不战而屈人之兵"。

AR这个角色在销售体系中比较特殊，因为它是两个一级流程的最主要角色，一个是LTC，一个是MCR。可以理解为，AR在客户界面是双线运作，既是线索工作组组长、销售项目经理，又是日常客户关系负责人，即使没有线索、没有销售项目，AR的管理客户关系日常工作也需要做好。

客户关系包含三种类型，即普遍客户关系、关键客户关系、组织客户关系，建立良好客户关系的核心要求是内心虔诚地服务客户，如图 23 所示。

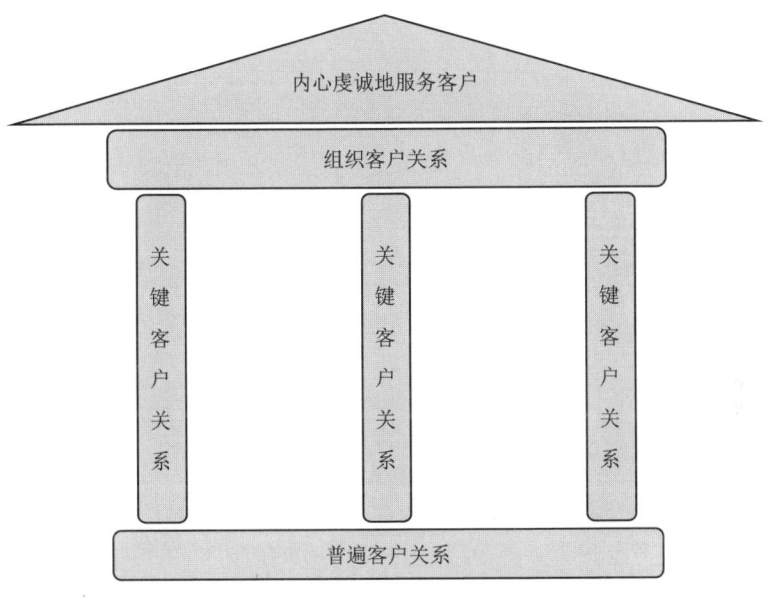

图 23 客户关系类型示意

这个客户关系类型示意图像一个倒着的"日"字，意味着一名合格的 AR，要天天与客户建立连接，一年工作时间的 80% 与客户在一起；也像一座简化的"教堂"，意味着对待客户要有宗教般虔诚的态度，"客户就是上帝"。

普遍客户关系意味着整体合作氛围好，AR 需要具备一个基本素质，就是在所有客户面前一团和气，"和气生财"是亘古不变的道理。

关键客户关系意味着客户对公司的整体认可度，每一个客户 CXO（首席 X 官）在业务上都有其痛点和需求，需要 AR 理解并能帮他解决。在主业务流 MTL 流程中，每年营销框架中一定有一个 CXO Program，AR 每年会邀请关键客户参加营销活动，就是利用企业整体的力量与 CXO 建立思想领导力的连接，表示企业具有帮助 CXO 解决复杂难题和提供解决方案的能力。

组织客户关系意味着持续性合作，是企业长期与客户做生意的关键。企业与客户在战略上形成共识，志同道合，合作便会长久持续，不会被"备胎"轻易替代。

AR 要具备准确把握客户需求的能力，知道客户需求处于什么状态，然后利用公司的优势调用公司不同的资源与客户紧密联系交往，取得客户的信任，如图 24 所示。

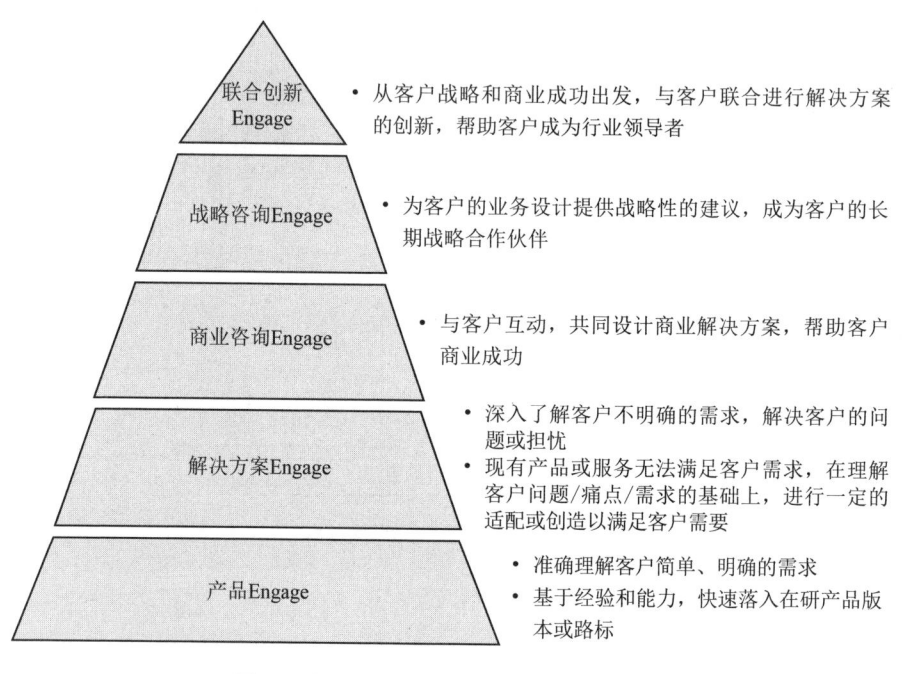

```
                联合创新 Engage
                  · 从客户战略和商业成功出发，与客户联合进行解决方案
                    的创新，帮助客户成为行业领导者

                战略咨询 Engage
                  · 为客户的业务设计提供战略性的建议，成为客户的长
                    期战略合作伙伴

                商业咨询 Engage
                  · 与客户互动，共同设计商业解决方案，帮助客户
                    商业成功

                解决方案 Engage
                  · 深入了解客户不明确的需求，解决客户的问
                    题或担忧
                  · 现有产品或服务无法满足客户需求，在理解
                    客户问题/痛点/需求的基础上，进行一定的
                    适配或创造以满足客户需要

                产品 Engage
                  · 准确理解客户简单、明确的需求
                  · 基于经验和能力，快速落入在研产品版
                    本或路标
```

图 24　与客户紧密联系（Engage）的层次

- 销售项目立项阶段。
    ‣ 本阶段是 LTC 的第一个决策点，由 SDT[②]决策投入资源。
    ‣ AR 担任项目经理一职，组建项目团队，明确项目目标，制定项目激励方案，制定项目策略与计划，召开开工会议。
    ‣ 关键输出有项目组任命及激励方案，项目目标、策略与计划，开工会议纪要。
- 项目推进阶段。
    ‣ 本阶段是 LTC 的第二个决策点，由 SDT[②]决策是否递交标书，制定投标关键策略，决定投标负责人。
    ‣ AR 负责客户关系，SR 负责产品解决方案和商务，FR 评估交付项目可行性，初步给出高阶交付方案，财务给出项目概算。
- 关键流程有标前引导，制作并提交标书。

标前引导是企业控标的关键环节，项目成功 80% 在于标前引导。"凡事预则立，不预则废"。

某年某国某市有一个关键项目，该国该市刚好是竞争对手的研发根据地之一。说实话，不是自己的地盘，首先气势上就弱了 30%。一线研读项目征求建议书（RFP）标书初稿，发现几乎都是竞争对手的痕迹。拜访客户时，客户也礼貌地告诉大家，考虑到各供应商在业界的影响力，RFP 标书会征求各供应商的建议，但时间不多。

一线非常有狼性，没有放弃，深入沟通后得知：客户 CTO 是业界技术大拿，对行业标准十分精通，对技术的掌握到了炉火纯青的程度。一线立即通过绿色通道向机关申请支援，组建了一支超十人的专家团队，产品管理代表、系统设计组组长、开发代表、标准专家齐上阵，笔者是其中一员。

在 RFP 标书初稿讨论会上，客户 CTO 首先从解决方案出发，描述了建网的五年愿景，既要保证建网成本低，又要保证网络性能好和有可扩展性，对网络架构、网络性能提出了很高的要求，特别是在多厂家互联互通上需要遵循标准。笔者以前刚好参加过国际标准联盟的互联互通测试并取得优异成绩，又是其中关键特性的规划负责人，虽然客户给笔者的感觉是他的气场很强且学识渊博，可能在辩论中笔者会处于下风；但是，鉴于当时的情况笔者也顾不了那么多，在会上与客户针对关键性能参数讨论了起来，当提到其中产品实现的某几个参数比标书要求还高很多时，客户反复询问其中的关键技术，团队专家一一作答，客户非常满意，并在 RFP 中修改。此次一线组织的研讨，为最终拿下项目关键份额打下了良好基础。

- 签约并移交项目阶段。
  - 本阶段是 LTC 的第三个决策点 ATC，由 SDT[②] 决策是否签约。
  - AR 负责客户满意度管理。
  - 关键活动有发起谈判，起草和评审合同，进行签约决策，与客户签订合同，销售项目复盘和总结，关闭机会点并移交项目。

2. 交付项目包含四个阶段，项目经理为FR

- 可行性分析阶段包括的关键活动。
  - 确认初始解决方案可交付性。
  - 分析交付需求并制定交付策略。
  - 设计高阶交付方案。
- 交付项目立项阶段包括的关键活动。
  - 项目立项：团队组建、任命、开工。
  - 合同交底。
  - 设计详细交付方案。
  - 项目计划与预算评审。
- 实施交付项目阶段包括的关键活动。
  - 项目实施。
  - 到货触发开票审批。
  - 项目核算。
  - 实施验收。
  - 验收触发开票审批。
  - 项目决算。
  - SDT[②]决策ATCC（客户界面已无遗留问题，是否关闭合同）。
- 移交关闭项目阶段包括的关键活动。
  - 项目移交、开始释放项目团队、移交项目资产。
  - 检查项目关闭条件。
  - 项目复盘和总结。
  - 项目关闭，资源释放。

如前所述，当用项目的方法去实践LTC流程时，脉络比较清晰，也比较容易理解，项目能大能小，能繁能简，特别是可以用IT工具把所有项目管理起来，实现销售项目可视化，提高销售业务运营的效率。如果企业觉得LTC流程很复杂，可以选择项目流程的几个关键活动进行适配，先试点积累经验，收到一定效果后，再进行LTC流程建设。

研讨与演练

1. 选取公司目前所有的销售线索，进行分类整理。
2. 选取公司十个大客户合同，看是否可以在合同模板上提高合同质量？
3. 研讨公司 LTC 变革的路标。
4. 选取公司 TOP 5 客户经理销售冠军，看客户经理的素质模型是什么？
5. 研讨国家代表的自我认知。

关键问答

1. 如何进行"铁三角"能力提升？

"铁三角"能力提升一直有一个误区，就是 AR、SR、FR 各自提升本领域的能力。其实，"铁三角"是一个整体，需要从整体上对 AR、SR、FR 的能力提出要求，如表 13 所示。

表 13 "铁三角"整体能力要求

能力项	基础	提升
产品与解决方案能力	• 产品与解决方案应知应会 • 产品线需求管理 • 客户重大需求承诺管理	• 行业解决方案应知应会 • 客户解决方案规划 • 联合创新
Marketing 能力	• 宣讲 • 区域市场规划 • 区域细分市场选择	• 区域营销活动策划 • 客户样板点建设 • 大客户战略对标
销售能力	• 解决方案销售 • 销售预测 • 销售谈判 • 区域/客户群市场规划	• 销售与融资
客户关系能力	• 客户组织认知	• 客户关系管理
项目管理能力	• 项目管理基础	• 营销标杆项目运作 • 销售项目运作与管理 • 交付项目运作与管理
其他能力	• 岗位角色认知	• 客户接待礼仪 • 人际连接力

2. 项目分级就是客户分级吗？

项目分级和客户分级是两个不同的概念，分属于不同的流程。项目分级在 LTC 流程中定义，客户分级在 MCR 流程中定义。

客户分级是长期性的，根据客户与公司的合作程度可以划分为 S、A、B、C 级。S 级指战略客户，A 级指伙伴客户，B 级指关键客户，C 级指一般客户。

项目分级是临时性的，因为项目是临时性的任务。客户分级是项目分级的输入，一般来说，项目分级包括五个要素：客户、竞争对手、金额、产品、区域。项目一般有三个级别：公司级项目、地区部级项目、代表处级项目。

3. LTC 的流程绩效指标有哪些？

LTC 的流程绩效指标一般包括三个部分。

一是客户满意度指标，即客户满意度。

二是财务指标，包括收入、销售毛利、合同赢率等。

三是质量与运营指标，包括线索到合同周期、合同变更率、各决策点（ATI、ATB、ATC）的决策报告质量等。

4. 管理客户满意度具体包括哪些方面？

主要从四个方面进行客户满意度管理。

一是管理客户声音，即客户在合作过程中的反馈意见，如客户提出的业务需求、改进建议等。

二是管理重大投诉，包括设立 7×24 小时热线进行跟进；对投诉进行分级，建立问题升级机制；确保客户重大投诉在 24 小时内处理并给予客户反馈。

三是管理非技术问题。非技术问题指找不到解决渠道，找不到具体责任部门的客户问题。

四是客户满意度调查，包括第三方满意度调查、企业集团主导的客户满意度访谈问卷。

5. 如何管理关键客户关系？

通常可以用五步法进行管理，并通过五度信息传递准确度、关键事件支持度、业务沟通顺畅度、对公司的认可度、对第三方的推荐度——衡量关键客户关系的质量。

第一步：进行客户组织结构和决策链分析。

第二步：定义关键客户，分析出客户的价值观、社交风格、社会关系、个人深层次需求。

第三步：确定客户关系目标和负责人。

第四步：制定关键客户拓展行动计划。

第五步：执行关键客户拓展计划，不断建立连接，积累信任，达到合作共赢的境界。

6. 如何管理客户承诺需求？

华为的经验是：销售人员对客户做出的承诺需求，必须经过产品线需求管理团队（RMT）的决策，并以承诺需求电子流的方式记录在 IT 系统，销售人员不能走其他途径做出承诺，凡是不经过 RMT 分析决策的，又不在 IT 系统记录的承诺需求，一律无效。

有次笔者午休时，接到海外××代表处的电话："我是××客户经理，现在我们在和客户开会，有一条需求，机关承诺了，但一直没有实现。"笔者说："请把 OR（华为公司需求管理 IT 系统 Offering Requirement）里的需求编号告诉我。""我没有，只有产品线总裁×总的签字承诺。""你先发签字承诺给我看看。"客户经理把签字承诺发给笔者，笔者仔细看了一下，确认是产品线总裁的签字承诺，可能是一线的疏忽，这条需求一直没有录入 IT 系统，也没有将签字承诺通过邮件方式回传到机关，所以机关一直不知道这条需求承诺。笔者很快分析了一下需求，发现该需求存在很大的限制条件，目前的技术能力不可能实现，估计是当时客户拜访现场时间和条件有限，没有经过技术专家环节的评审就承诺了。笔者立即组织需求分析会议，大家得出一致的结论，两年内给多少资源也不可能实现该承诺，因为行业内就不存在这个商用技术，更不可能在商用上立即达到这么高的指标。最后，只能如实答复一线：该需求目前不具备实现条件，请与客户继续协商；客户承诺需求既未在 OR 系统里记录，又未有邮件跟踪客户拜访时的承诺，也未经过 RMT 会议决策，机关有权不接纳；谁拜访，谁签字，谁负责。后来该需求虽然一线升级了，但最后还是未接纳。

这个案例说明，虽然产品线总裁是需求管理部门的上级，但是产品线总裁也有知识误区。公司之所以设计重大需求承诺流程，就是防止一线客户经理通过内外部关系邀请公司高级别领导拜访客户时，在某些场景下，可能忽视技术和产品开发的专家分析环节对客户做出承诺。可以联想 IPD 设计理念，为什么技术评审与商业决策一定要分离呢？就是发挥各自的长处。在这里，笔者也建议，企业家应是商业领袖，而不是成为技术专家，应该专家做的事，就让专家做。

所以，销售人员不能对客户过度承诺，要善于和客户沟通谈判，委婉又正大光明地说明公司内部处理流程，确保合同质量。BG 的 Marketing 与解决方案销售部、合同商务部要对地区部、代表处持续组织相关的培训和赋能，通过强制使用流程与 IT 进行关键作业环节的固化，防止出现更大的损失。

注：华为需求管理规定中有一条，"凡未经 RMT（需求管理团队）批准的答复和承诺，各产品线不承担提供的责任。发生任何客户投诉时，由地区部、代表处自行负责。"这条规定确立了一个原则，任何人，不论职位高低，都不能在 RMT 的决策之外承诺客户需求。

他山之石

LTC 变革不光是流程建设，也要关注组织建设。变革有了阶段性成果，下一步要重点考虑队伍建设问题。要建立一个正确的价值评价体系，合理分享利益，巩固好变革队伍和变革成果。

不仅是队伍要能够打到上甘岭，而且一定要守得住，也要分享胜利成果。分享模式不光是奖金，要有合理的激励机制，明确各个岗位的职务名称和职级待遇，比如流程专家、场景专家等。

这次把好多部队给你们聚合起来了，流程IT、质量运营体系等，就是要一边往前走，一边落地组织，要给这些人合理的定位。要把五年的战略目标进行解码，说出你们的贡献、诉求和操作方法，让HRC给予合理授权，建设好队伍。在队伍建设过程中，要拿出一套方法来，不要僵化。更多地强调实践，强调贡献，去除我们身上学生式的队伍识别方法。要强调哪些岗位是准备本地化，不流动的；哪些岗位是可能会流动的；哪些岗位是必须流动的。这一次都要识别出来，否则还是具有盲目性。所有一切要符合未来的作战需要，组织是为了作战而存在的，而不是作战服从组织的。不然的话，将来人都跑光了，怎么办？

可以拿出一两个代表处来做例子，一是，讲清楚你们的贡献，变革起了啥作用，或者现在没有起作用，但过几年会显现出作用来。有些抵制的代表处一看，效益提升得多，那肯定要干了，就会欢迎你。从你们要人家变革，到人家要变革，你去帮他忙，就不一样了。二是，变革这条线有各种角色，大线、小线、长线、短线，怎么命名法？比如，合同场景为什么不能出来一些首席专家？每个地区要有一批合同场景专家，这些专家就在原地升"官"升级，不要再大规模流动。也可以出来很多称呼，这称呼就给他高薪了。大家看到目标了，就愿意来了，矛盾也没有了。管理变革资源池与项目管理资源池关联大一点，建议你们预算经费、平台支持就放到项目管理资源池平台，这样你们聚焦在主作战的能力上。当然变革是相对独立的，作战还是你自己管自己。项目管理资源池有很多空耗费用，你们去作战的时候可以共用。干部也可以和他们循环流动起来，GTS有很多人在前线都干了十几年了，有一定的实践经验，对场景也有正确的认识，同时面临着新技术他们追赶的难度，一部分可以转到变革的岗位上来，应该是合适的。

管理变革不像那些创新的领域，是流程性的东西，资历还是重要的，需要有实践经验的人。我们要建立一个正确的价值评价体系，合理分享利益，巩固好变革队伍和变革成果。针对变革队伍的价值评价体系及分享机制，要有一个统一的规划方案，向HRC做一个系统性的汇报，要政策。

变革目标就是要多产粮食，增加土壤肥力。未来 LTC 变革的贡献一定是组织精简，能支持代表处十年内从屯兵模式走向精兵模式。要有一个尺子衡量管理进步，在变革队伍内部合理分享变革贡献。

在 LTC 流程集成打通的基础上，我们确定变革的目标，第一阶段就是账实相符，第二阶段就是实现五个一。大目标就是要多产粮食，增加土壤肥力，其他多余的东西在变革过程中慢慢就被甩掉了。

未来 LTC 变革的贡献一定是组织的逐渐精简，有一个很好的流程制度系统和 IT 支持系统。后方有强大的战略机动部队，机动部队之间的交易条件也是清晰的，这样资源可以高效流动起来。慢慢运转合理的时候，代表处就不需要这么庞大的队伍，就实现了精兵。代表处现在不能精兵而是屯兵，原因是他买啥资源都买不来，不如把资源先养着。精兵主要是面对不确定性，确定性的东西可以建在区域平台，共享。

衡量管理进步一定要有一个尺子，多产粮食；代表处订货增长没有多少，利润增长，其实就是管理在进步。我们要看现阶段能产生什么贡献，贡献是基于偶然性还是必然性，是可持续还是不可持续？就能得出一个大致的基线和规律，来衡量管理进步。进步的这一部分，我们就要用分享制，要分出来多少是变革贡献的，变革队伍要获得多少分享。这样变革队伍就掌握了激励机制的主动权，动员千军万马上战场。我们公司不可能只有一个秤砣，变革不要去和别人比，而应该有自己的秤砣。

LTC 变革也是一场革命，要把所有人卷进来，转变思想、转变意识、转变操作方法，项目组要担负起变革松土和培养人的任务。守城部队同样是重要岗位，要大量在公司内部招聘有实践经验的人，干一行、爱一行、专一行，做好流程打通后的持续运营工作。

LTC 变革也是一场革命，但不是以淘汰人为中心，而是把所有人卷进来，转变思想、转变意识、转变操作方法，再走向岗位。项目组要担负起变革松土和培养人的任务来。你们要敢宣传，要讲故事，每个人都可以写自己的变革故事。对于少数思想转变慢的国家代表，不换思想就换人。而是把他换到战略后备队里来，参加作战，循环赋能。国家代表不明白你要干啥，就会成为阻力，不是说他要做专家来指导这个变革，但是他要支持，要会用。

公司的岗位是多元化的，我们这一次强调守城部队同样是重要岗位。流程打通很难，打通以后就是扳道岔。许多有经验的基层员工，以及本地员工，都可以胜任的。守城部队就是要把根据地守住，否则就是猴子掰苞谷，掰完以后光荣一阵子就没有了。守城部队可以是本地员工，也可以学历降低、实践增加。华为公司很多有实践经验的人员，比如用服和生产系统有经验的员工，可以转到守城部队里来。要大量在公司内部招聘有实践经验的人，没有实践经验的不要。挑选干部就是不唯学历论，就是唯实践，唯认真负责的精神。唯学历论，最后的结果就是我们辛勤地给一棵小草浇水，好不容易浇成了大树，人家就跳槽走了。

干一行、爱一行、专一行，然后通过这一行多拿点钱。这就是最佳角色、最佳贡献、最佳时间段。一个人不要好高骛远，适合做这一点就是最佳角色。这个最佳角色就能产生最大贡献，因为把电路板发正确，仓库管理正确，就能避免巨大的浪费。最佳时间段就是让最佳贡献的人在冲上上甘岭的时候就应该及时给钱。有人说，那他以后就不能升了吗？那也不是的，最佳贡献时间段有很多个抛物线，而不是只有一个抛物线，你从一个抛物线可以跨越到另外一个抛物线，你从B角色还可以跨越到A角色。

时代赋予我们的使命就是要全流程打通，LTC打通落地了，我们公司才可能是工业3.0。变革要扎扎实实推进，不能急躁，变革节奏由你们自己决定。变革不是一下子就见实效，收益不是很快体现，关键是要打通。

时代赋予我们的使命就是要全流程打通，实现工业3.0，在这基础上我们才能拥抱未来。我们现在工业3.0还没有搞通，如果推工业4.0，会使我们公司泡沫化。首先要实现生产过程的自动化，这个还不是3.0，应该是2.5左右。生产过程自动化就是我们LTC打通了、落地了，我们公司可能就是3.0了。所有代表处首先要关注流程打通，而不是要关注收益评估，如果关注那个收益评估的数字，大家可能又不认真去做那个流程，最后还留下后面的事情，将来会很复杂。

变革收益在我的心目中还不是很快体现，最先要做的是一定要打通。变革哪里能一下子就见实效呢？所以别急躁，很多一时做不到，做不到你就说清楚你没有做到。我不在乎项目成功率，也不在乎干部提拔率，不考核你们这些东西。让你们背负着一个对结果负责任的事情，我觉得你们的精神压力太大了。你们只要把这些方法给大家讲完了，然后就可以发酵了。把这个酵母丢到里面去了，有没有结果，谁知道呢？有人是大器晚成的。某国贯通以后，我们就不断地循环走人和进人，滚动起来，让整个全球流程优化组织能够循环起来，那就能把先进的东西不断带到其他地方去。

变革要扎扎实实，推进不能急躁。变革节奏我不会逼你们，宽度、深度、进度由你们自己决定。我接受变革可以慢一点，我现在讲话，好多是讲五至十年，也可能你们说不要五至十年，那我没有催促你们啊，就希望能一点点反映出来我们的进步就行了。变革不是一下子就见实效，收益不是很快体现，关键是要打通。"最后一公里"的IT建设，能保证我们变革成果被固化下来。IT系统一定要产生对未来的支持，超前你们一步实现支持到最基层。公司一定要打现代化战争，IT是靠买来的，加快进度是容易做到的。IT布局加快和你们的改革不快，这是不矛盾的。你们的路该怎么走就怎么走，不要急。我们公司只要一天天在进步，今年比去年好一点，其实就行了。五千年都改进不完的，我们比对手好一点就活下来了。

战略预备队训战结合要场景化，强调实践。变革项目组与华为大学要结合起来，实现金种子循环发酵。

今年年底一定要归纳出来几种场景类型、模板和案例，代表处选择哪一种场景去推广，那就给他提供全套标准化的方法。战略预备队培养也是按照不同场景来做，不要着急去培养懂全场景的人，懂一种场景的人以后懂别的场景是很容易的。在代表处实践的时候，代表处很多人就和变革工作组合并形成一个组织，不是我给你搞，你在旁边看。谁留下，谁不留下，先不讨论。等到结束以后，谁合适谁就留下，不能留下的人就全部进入战略预备队。

守城部队一部分是本地化固化下来的，还有一部分能够继续流动，这部分就是守城金种子。这样的话，一个国家、一个国家推进，慢慢就接管下来了。接管下来以后，公司永远有一个攻城和守城的战略预备队，哪个国家万一出点什么问题，去一群人就把这个问题给解决了。

战略预备队训战结合强调的是实践，所有的代码、标识符、表格应该和实际作战完全一样，不能再去讲理论。学员要讲变革实践总结，看他明白了没有，如果明白了，指标有可能不好，也允许上战场。战略预备队培训内容每个阶段应该是不一样的。金种子出去一段时间还可以再回来，重复训练。再回来后，可以当老师，也可以当学员，充分循环发酵。种子是要发芽、开花、结果，然后再产生很多儿孙，这样我们三至五年之内就有很多人才。战略预备队受训期间职级保留，受训之后上战场，上战场半年以后我们再重新来评级，根据个人表现，有升有降。

华大善于总结和组织，把好多东西案例化，也要背着背包跟着你们一起作战。写案例特别厉害的人也可以短时间循环到华大里去，工作半年、一年，由他来带一批种子。老师将来又走上工作岗位，遍地都是他的学生，凭什么他不能把事情做好？还有师生友谊的嘛。这样华大在训战结合中就能走向真正接触实际，靠华大老师完全醒悟出来作为一个项目管理者不现实，但是作为组织者他们应该是有经验的。我们将来把传授的人和组织者结合起来，而且他们也再流动起来，公司一盘水就活了。

——《任总在变革战略预备队及进展汇报座谈上的讲话》节选

（2015 年 5 月）

第五章
站得高看得远,打造持续增长的市场

> 研发如何做到以客户为中心,如何对客户负责?研发要组织民主生活会,讨论出一些措施。Marketing 一定要做好桥梁,要敢于说话。
>
> ——任总在 2016 年市场年中大会的讲话节选

当企业发展到一定阶段,解决了销售、产品的核心问题后,随着其市场地位的提升,必然在营销方面遭遇到层次更深、涉及面更广的痛点,比如:

- 业务增长乏力,看不清市场,无法准确识别并把握关键的业务增长点。
- 营销团队不具备价值销售、品牌构筑、受众沟通的综合能力,高价值客户难以突破,市场份额提升困难,行业内思想领导力缺乏,甚至经常给竞争对手"打助攻"。
- 市场策略定位不清晰不准确,不同区域不断产生不同的需求,但公司沿用"一套策略打天下"破坏了市场竞争力,降低了客户满意度。
- 缺乏高效的数字化营销装备,销售人员"八仙过海,各显神通",按照各自的方式进行销售活动,整体营销效率低下。
- "营""销"协同不畅,营销活动没有针对线索生成的手段和方法,甚至既没有提升品牌,也没有加深和客户的连接。

……

这些痛点的本质,是业务主官不清楚"营销的战场",不知道"自身的位置",更不知道先进的"营销流程、方法、组织、能力"。

第一节　MTL 构建强大的中场发动机

MTL 流程作为一级流程，既协同 DSTE 流程，又衔接 IPD 流程和 LTC 流程，就像足球比赛的"中场"，改变了以前"IPD 后卫"和"LTC 前锋"长传冲吊的进球模式，"中场"有策略地组织进攻和防守，更加有攻击性、事半功倍和卓有成效。

- 对齐战略，提升行业领导力：通过培养思想领导力和提升客户品牌体验，获得客户内心认同；在"新战场"通过战略愿景和品牌愿景进行高位统筹布局，降维打击；基于客户痛点和深层次隐性需求，不断帮助客户商业成功，成为客户战略合作伙伴。
- 创造市场，提升产粮能力：通过对客户和市场前瞻性深入研究，拥有比客户看得更远的洞察力，能从客户、竞争对手、行业思想领袖等第三方的视角看到问题的本质，创造并培育新市场，从"分蛋糕的领导者"转身为"做蛋糕的行业领袖"。
- 聚集资源，化解客户难题：以市场和客户为中心，以 Outside-in（从外向内）的视角驱动产品的开发，实现一线与后端的协同，解决客户的实际痛点和问题，协同生态合作伙伴，按行业提供定制化解决方案，成为"客户问计的对象"。
- 帮助销售，使销售更简单：通过各种营销活动，提供更多、更高质量的新线索，创造良好的销售环境，帮助销售推进线索、推进机会点，促进销售额的增长。

笔者给"打样企业"设计的 MTL 流程架构包括六个模块，沿着流程构建了企业强大的中场组织，夯实了战略 Marketing 体系的工作。"打样企业"MTL 流程架构，如表 14 所示。

表14 "打样企业"MTL流程架构

L1	MTL（Market to Lead）					
L2	市场洞察	市场管理	销售赋能	营销推广	联合创新	营销质量管理
L3	市场分析	细分市场选择与排序	赋能＆培训	营销框架规划	联合创新规划	营销质量管理
	竞争分析	细分市场评估与开发支持		组合营销活动策划与执行	联合创新实施	
	客户分析	细分市场上市管理		营销线索生成		
	自身分析	细分市场绩效管理		评估营销推广效果		
	洞察管理					

"打样企业"Marketing领域组织如图25所示。其设计要点如下所述。

- 一线综合化，机关专业化：地区部中的Marketing下不再设置部门；战略Marketing和业务群职能体系下设置市场洞察、市场管理、营销推广等专业职能部门，一线面对客户复杂问题时，可以呼唤机关的专业支持。

- 面向市场作战：业务Marketing与解决方案销售共同帮助一线在前瞻性市场"田里的"打粮食，同时不断发现并创造新市场；解决方案销售更注重"锅里的""碗里的"；MTL流程与LTC流程协同，不断创造线索，同时帮助"铁三角"推进线索到机会点、推进机会点到合同，以持续促进业务增长。

- 牵引研发：业务MKTG市场管理部与营销工程部、产品管理部通过MTL-IPD流程协同实现"握手"和"拧麻花"，即"两个Marketing争吵起来"，业务MKTG站在市场看客户需要什么产品，营销工程部站在产业视角考虑如何为市场提供更好的产品，实现市场组合和产品组合匹配，同时牵引产品与解决方案竞争力的提升。

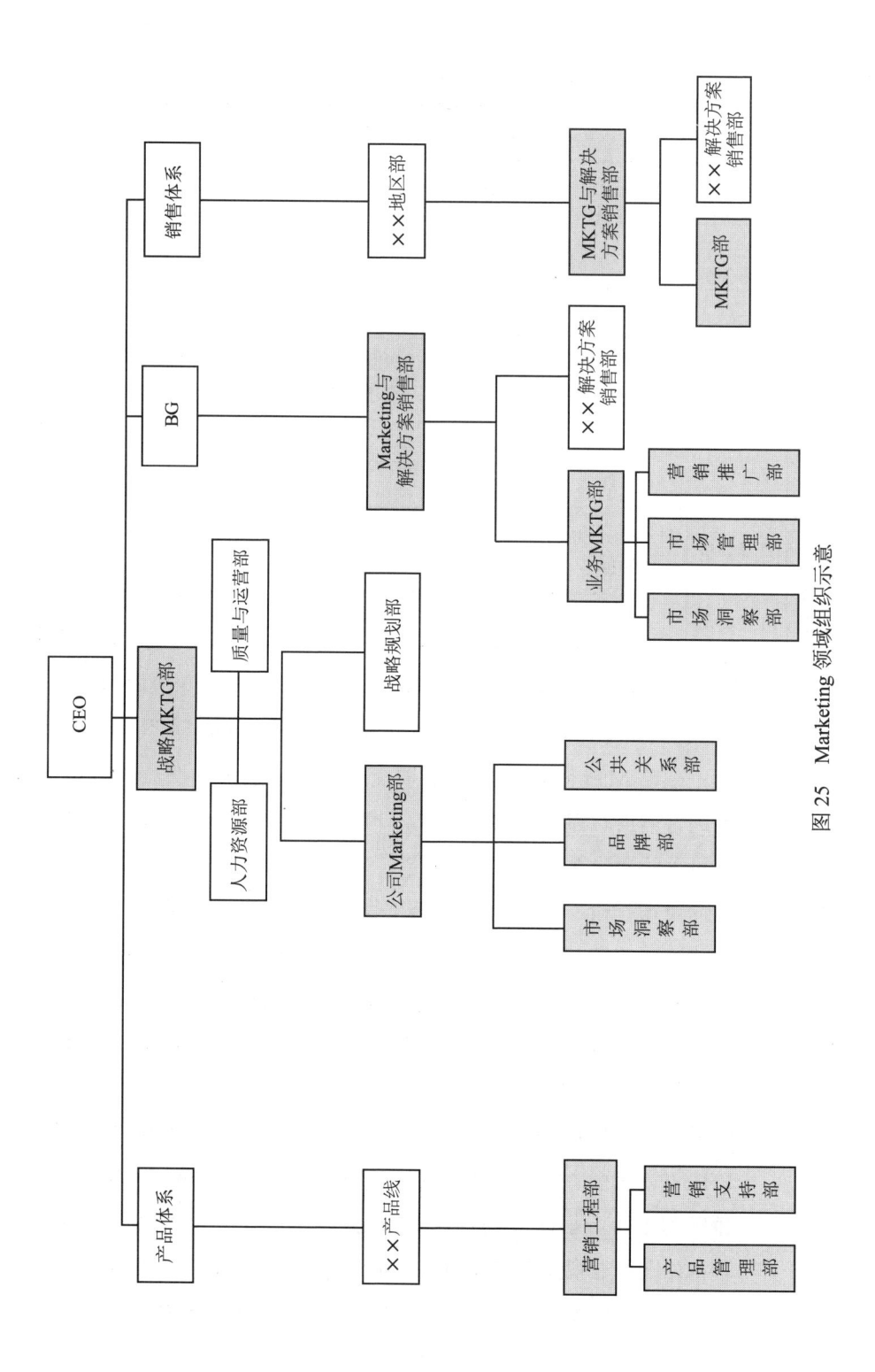

图 25 Marketing 领域组织示意

> 支撑战略：公司 MKTG 市场洞察部牵头组织业务 MKTG 部、市场洞察部、营销工程部产品管理部、地区部 MKTG 开展市场洞察，构建全公司细分市场框架及数据，为业务部门输出市场洞察报告，实现"数出一孔"，打造信息作战体系。

"打样企业"MTL 流程的关键输出，作为 MDT 议题，由 EMT 会议和各级 ST 会议决策，如图 26 所示。

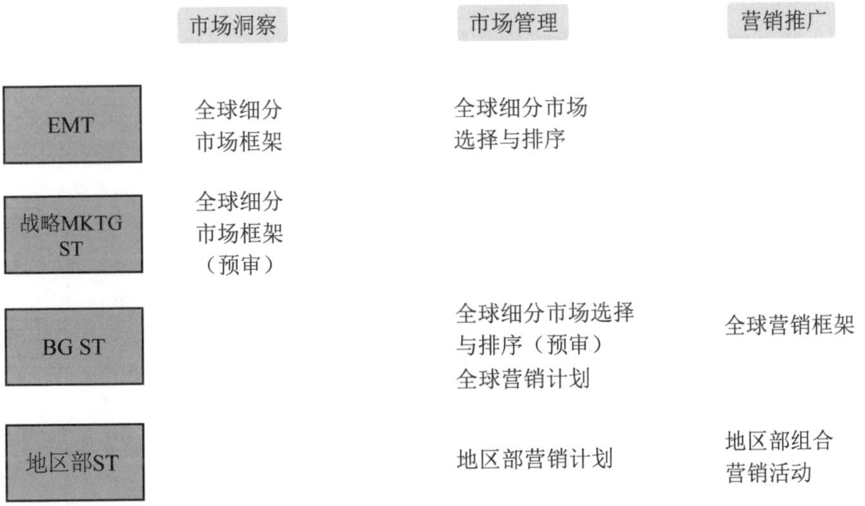

	市场洞察	市场管理	营销推广
EMT	全球细分市场框架	全球细分市场选择与排序	
战略MKTG ST	全球细分市场框架（预审）		
BG ST		全球细分市场选择与排序（预审）全球营销计划	全球营销框架
地区部ST		地区部营销计划	地区部组合营销活动

图 26 "打样企业"MDT 决策示意

> 决策机制是主任负责制。
> 决策内容由各 MKTG 部长负责输出，并给出建议。
> 会议频率是月度例会或者按需召开。

第二节 "数出一孔"的市场洞察和科学的市场管理帮助企业打"移动靶"

华为 MTL 变革项目发起人徐直军先生指出:"市场洞察是一项很基础的工作,市场洞察不仅仅为战略规划服务,而是需要真正回归市场,所有市场活动开展的前提都要基于市场洞察。"

1. 市场洞察

市场洞察具有三个特点:一是洞察的专业性;二是洞察必须衔接业务,服务业务;三是洞察与业务部门相对独立的地位和视角。

市场洞察主要场景:支持战略制定;细分市场分析;业务专题基础分析。

2. 市场细分

市场洞察的成果之一是"数出一孔",而实现"数出一孔"的前提是公司遵循市场细分的科学方法,形成唯一的公司市场细分框架。市场细分"五步法"如表 15 所示。

一般来说,市场细分形成的各个细分市场需要具备三个基本要求。

一是可区别性。细分后的市场之间应该存在明显的区别,并能够通过命名简单地让受众理解。细分市场的框架需要与整个行业的认知保持大致相同,以获得行业第三方数据。

二是可营利性。细分市场的规模和潜力足以实现长期稳定的盈利,确保企业进入该细分市场的价值能不断提升。

三是可服务性。细分市场发布时遵循统一的规范,为业务部门提供良好的服务支持和使用体验。

表 15　市场细分"五步法"

步骤	关键输出	负责部门
1. 明确市场范围	• 客户群分类 • 典型客户清单 • 产品组合清单 • 配套合作产品和服务	• 公司 MKTG 部。业务群职能体系 Marketing 与解决方案销售部 • 产品体系营销工程部 • 地区部 Marketing 与解决方案销售部
2. 明确客户需求类别	• 客户群需求类别列表 • 业务需求 • 利益相关方需求	
3. 制定市场细分框架	• 细分市场框架 • 细分市场命名	
4. 细分市场说明	• 主要细分市场说明 • 典型区域 • 典型客户 • 典型行业	
5. 细分市场空间	• 细分市场中长期空间预测	

3. 市场管理

市场洞察市场管理是 MTL 流程最核心的模块，核心思想是选择细分市场组合促进业务持续增长，并深入每个所选细分市场，从 outside-in 的角度分析市场要什么，并结合 Inside-out（从内向外）视角策划如何提供。

华为市场管理包含以下关键场景：与公司战略互锁；牵引产品投资组合管理和产品商业计划（Charter）；以市场为中心上市；概念上市。

"打样企业"进行适配后，市场管理包含四个 L3 级流程。

● 细分市场选择与排序流程。

通过理解市场，评估细分市场吸引力和业绩表现，分析细分市场客户痛点及产品和解决方案差距，选择并确定细分市场组合，制定细分市场策略。

方法示例：针对不同的细分市场给出相应的策略，如表 16 所示。

表16 "打样企业"细分市场策略

特征及策略	细分市场类别			
	试点市场	新兴市场	成熟市场	退出市场
细分市场特征	• 中等到高的市场吸引力 • 低的业绩 • 能力中等	• 高市场吸引力 • 中等到优秀的业绩 • 能力高	• 中等到低的市场吸引力 • 中等到优秀的业绩 • 能力高	• 低的市场吸引力 • 中等到低的业绩 • 能力低
市场策略	• 授予战略投入 • 进行风险管理	• 加大投资 • 加大营销资源投入 • 提升业绩	• 保持投资 • 减少营销资源 • 提升销售和营销能力	• 减少投资 • 逐步退出
产品策略	• 与优质客户开展联合创新	• 建立产品战略控制点	• 提升产品竞争力 • 提升产品质量 • 降低产品成本	• 纳入 EOX 进行管理
销售策略	• 做好高技能销售人员储备	• 增加资源 • 加强赋能	• 优化当前的资源数量 • 优化赋能以保持竞争力	• 停止销售
营销策略	• 构建思想领导力	• 加大组合营销活动 • 加强在项目中赋能	• 加强对销售的赋能	• 停止宣传
交付策略	• 根据需要保证高质量的交付	• 提升交付技能 • 寻求新领域合作伙伴	• 保持交付资源 • 提高交付满意度	• 在确保已有交付项目的情况下,逐步释放交付资源

● 细分市场评估与开发支持流程。

评估细分市场,驱动 IPD 为细分市场提供有竞争力的产品、解决方案或服务,开发营销资料和营销装备。方法示例:针对客户不同角色和认知阶段开发营销资料,贴近一线使用需求。"打样企业"营销资料框架如表17所示。

表17 "打样企业"营销资料框架

认知阶段	营销资料	责任人（Owner）	客户角色相关度			
			CEO	CTO	CMO	Director
Awareness	解决方案话题宣传彩页	细分市场经理	Y	Y	Y	Y
	解决方案话题软文	细分市场经理	Y	Y	Y	Y
Interest	高层主打胶片	细分市场经理	Y	Y	Y	Y
	技术主打胶片	营销支持经理		Y		Y
	技术白皮书	营销支持经理		Y		Y
Desire	解决方案测试报告	营销支持经理				Y
Action	技术建议书	细分市场经理				Y

- 细分市场 GTM 管理流程。

根据市场节奏和需求，按季度、半年度、年度制定各细分市场的营销计划，实现以市场为中心的上市。

"打样企业"的"细分市场营销计划"包括的要素：执行总结；业务目标；理解市场、关键客户、竞争对手；营销策略与目标；管理细分市场商业模式和盈利计划；季度 GTM 计划；营销计划执行度量；责任人签字。

- 管理细分市场绩效流程：并监控完成市场目标。

第三节　赋能一线，对准战略、品牌、细分市场开展营销活动，促进线索生成

1. 销售赋能

销售赋能，是向一线销售人员提供相关的产品、解决方案、服务及营销策略、宣传口径等方面的赋能，通常采用在项目中实战赋能、线上赋能及"送课下乡"等形式，使他们更专业地面对客户，从而获得更多的商业机会。

通常包括以下两个要点。

- 针对不同角色开展赋能：如针对客户经理、国家代表、地区部总裁、渠道销售经理、解决方案经理等，有不同的赋能内容。
- 根据不同的内容选择相应赋能专家：如营销策略方面，来自 BG 的细分市场经理向客户经理、渠道销售经理、解决方案经理赋能；如产品特性和产品路标方面，由来自产品管理部的产品管理专家进行赋能；如产品战略和品牌等，由来自产品线的 PDT 经理向国家代表、地区部总裁赋能。

2. 营销推广

营销推广就是通过规划并执行组合营销活动，构建公司品牌美誉度和行业思想领导力，产生高质量线索。

"打样企业"营销框架如图 27 所示。

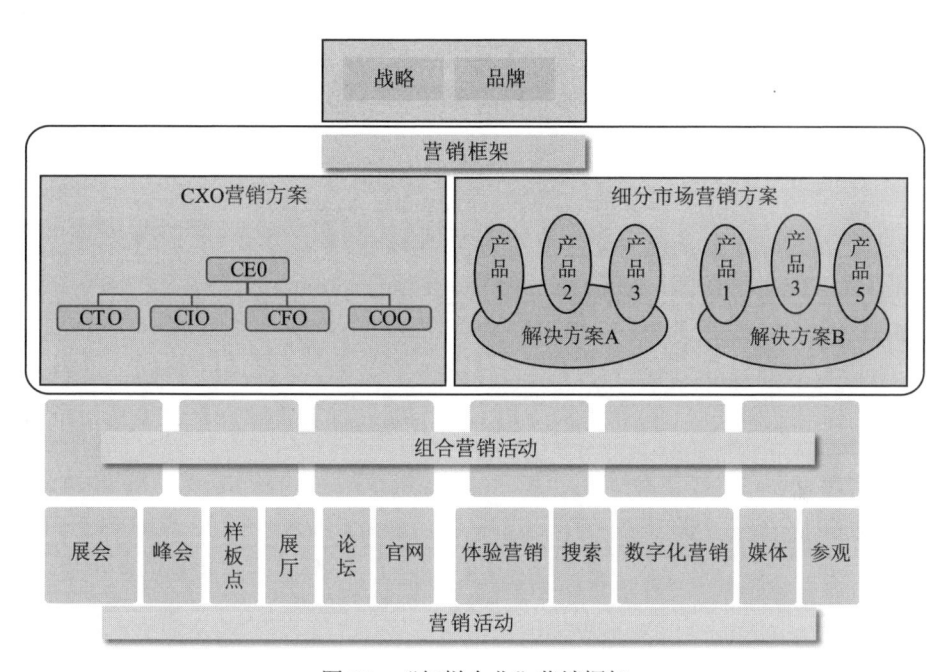

图 27 "打样企业"营销框架

业务变革理论与实践

研讨与演练

1. 市场部/Marketing 部的关键职能是什么？现在的状况如何？如何改进？
2. 制定公司各细分市场的价值主张。

思考：战略到执行中的价值主张、MTL 的细分市场价值主张、LTC 中销售项目的价值主张的侧重点。

3. 营销预算如何管理？营销费用是否可视（机关、地区部、代表处）？是否缺乏对营销投入的分析？财务科目与业务科目是否匹配？是否无法计算投资回报率（ROI）？营销预算与线索的匹配关系是否建立？营销费用是否与营销框架中的"营销方案——组合营销活动——营销活动"构成映射？

4. 策划××细分市场组合营销活动。

5. 选择一个地区部，演练 MDT 决策，对"××细分市场营销计划"进行决策。

关键问答

1. 经常看到 IPD 也讲市场管理，DSTE 里也有市场管理，MTL 里也有市场管理，这是为什么？

这是流程版本不一致、公司没有统一的流程架构、流程与组织未匹配等原因造成的。

如果一家公司市场能力不够，市场管理流程一般来讲，最开始可以作为 IPD 流程的一个子流程，即作为产品战略和产品组合规划的开发流程；也可以作为 DSTE 流程的一个子流程，通过市场管理输出业务设计，这样讲述 DSTE 流程时也会提到市场管理。

但是，如果一家公司引入了 MTL 流程，建立了战略 MKTG 相关组织，市场洞察、市场管理都需要回归市场。广义的 Marketing 组织分布在产品体系、销售体系、BG、战略 Marketing 部，但市场管理部主体在 BG 业务 Marketing 部。如果市场管理在产品线，人都是有"屁股"的，会站在产品线角度看市场，而不是真正站在市场角度看需要什么样的产品；如果市场管理设置在 DSTE 流程里，则往往只看到大颗粒的市场，而不能为业务作战。

标准的做法是，市场管理是 MTL 流程 L2 级流程模块，根据流程架构 MECE 原则，IPD 流程架构、DSTE 流程架构、LTC 流程架构里不再包含市场管理流程。

关于市场管理组织的讨论，华为在 2015 年进行了长达半年的研究，笔者作为核心成员参与其中，对一级流程变革涉及的组织进行调整，当时华为的流程是：

- 在一级流程变革项目组下成立组织变革子项目组。
- 组织变革子项目组完成流程与组织匹配方案材料，并与 ESC 委员进行预沟通。
- ESC 顾问委员会从顾问角度给出专业评审意见。
- ESC 会议从流程角度进行审议。
- 组织变革项目组根据 ESC 会议审议结论，完成地区部、BG、产品线的组织设计详细方案，并与各地区部、BG 关联部门、各产品线进行预沟通。
- HRC 决策。

在 ESC 会上，关于议题"沿着 MTL 流程建设 BG Marketing 组织的变革方案"，各委员充分发表了相关意见，大致是以下内容，供读者参考。

董事 L：公司前两年把解决方案销售组织合到产品线，归产品线考核后，市场需求提到产品线后，产品线的响应不如以前，对客户和一线还是造成一些不好的影响，所以今年公司又把解决方案销售组织划给 BG 直管了，加强客户界面后，情况好多了。昨天非常忙，项目组与我是晚上在公司地下车库里进行沟通的，当时有些还没有完全听清楚，今天会上听明白了，市场管理和解决方案销售组织性质其实应该一样，回归市场。

董事 D：昨天项目组开会，X 总（注：轮值 X）和我都参加了，我们进行了充分沟通，我同意项目组的方案。只是有一点需要后续认真考虑，公司产品线 Marketing 组织一直是产品线核心组织，包括产品管理部、营销运作部，现在的方案是一分为三，营销运作部一部分留在产品线，改为营销支持部，产品线的实体部门在营销上只是支持角色；一部分划拨给运营商 BG；

一部分划拨给企业 BG。然后 BG 调集一些解决方案销售的专家到市场管理部，需要充分考虑后续市场管理部能力的提升，以及市场管理部与产品线产品管理部、营销支持部的协同。

ESC 主任（轮值 G）：X 总今天没有上会？

会议执行秘书：他今天接待一个重要客户，他昨晚与项目组开过会了，已给出意见。

会议汇报人：X 总的意见是同意项目组方案，解决方案销售部与营销运作部一起，调集专家建设好 BG 和一线 Marketing 组织，而且要求"庙子建好后，原则上先调几个方丈过去，否则带不起来"，这样才能建设好能力。

ESC 主任：H 总（注：轮值 H），你怎么看？

H 总：方案方向上是对的，但是 D 总说到的能力问题，我也有比较大的顾虑，机关能力我不担心，我担心的是一线的能力。打个比喻，一线的解决方案销售，现在也就是开手扶拖拉机的水平，突然给他配了个豪华奔驰，他有没有这个能力水平呢。他现在直接管 Marketing 业务，成为 Marketing 与解决方案销售部部长了，"从猎人转变为农夫"，需要做市场规划了，要有 Making Market 的意识了，岗位职级也直接提升了一级，这个需要业务主官有很强的市场业务经验和学习能力，方案可以试一下，但要做好干部转身管理。

ESC 主任：顾问委员会的意见是什么？

顾问组长 H：华为 Marketing 比较独特，一直与产品线在一起，从业务结果上讲，之前做得非常成功，这是大家有目共睹的；而业界 Marketing 大部分是与销售在一起的，所以顾问组整体的投票结果是中立的；但从公司大平台支撑精兵作战的趋势上讲，Marketing 组织从产品侧向市场侧、客户侧前移肯定是对的，这样可以更好地做好客户与产品线的桥梁。

ESC 主任：变革，总是要变的。既然大家没有不同的意见，本次会议结论为同意项目组变革方案，后续在 HRC 进行组织方案决策。

ESC 会议后，经过两个月详细方案的研讨沟通，HRC 决策批准项目组组织变革方案，并正式发文进行组织调整。

从这个讨论来看，我们可以学习到华为的几个关键点：

- 任何变革都遵循公司大的战略方向。
- 及时且强大的纠偏能力，发现哪里有问题，就改哪里。
- 民主集中式决策，充分沟通，充分讨论，变革遵循 ESC 组长决策制。
- 尊重顾问，实事求是。
- 不仅重视流程决定组织，而且重视培养组织的能力，确保一线作战胜利。

> 科学家对产品上市说了不算的，掌握的新技术，要由 Marketing 根据市场的需求来决定产品化投入的时间。
>
> 我们有 8000 多 Marketing 与行销人员在听客户的声音、现实的需求、未来的需求、战略的机会……只有在客户需求真实产生的机会窗口出现时，科学家的发明转换成产品才产生商业价值。投入过早也会洗了商业的盐碱地，损耗本应聚焦突破的能量。
>
> ——《任总与英国研究所座谈的纪要》节选
> （2015 年 7 月）

2．如何做好细分市场的选择和排序？

Step 0：在市场洞察形成的细分市场框架基础上，EMT 决策并发布了所有细分市场的数据。

Step 1：市场洞察只是提供数据、信息、洞察分析，但是仗怎么打，需要市场管理提供建议，防止市场洞察既做运动员，又做裁判员。细分市场经理在仔细分析市场洞察报告的基础上，提出选择和排序模型。

Step 2：该模型由业务 Marketing 部长与各地区部总裁、各产品线总裁、战略 MKTG 部长、产品体系负责人、销售体系负责人充分沟通后，根据意见修改并提交给 BG 负责人审核。原则上模型保持三年不变，以与公司战略方向保持一致。

Step 3：依据模型打分时，地区部、产品线、BG 专家充分参与，得出相对客观的结果。

Step 4：细分市场选择与排序结果经 BG ST 会议预审后，在 EMT 汇报，作为公司所有战略规划业务设计的依据，即产品线的产品组合规划、BG 的解决方案组合规划、BG 和地区部的细分市场组合规划、营销框架方案规划均源自细分市场选择和排序结果。

3. 如何做好营销标杆项目？

营销标杆项目是"营""销"协同的关键，营销标杆项目由 BG Marketing 专家或地区部 Marketing 专家担任负责人，实现细分市场 0 到 1 的突破，并在项目中实现对销售人员的赋能，使销售人员在该细分市场能举一反三，实现 1 到 N 的突破。做好营销标杆项目，主要有以下环节。

- 营销标杆项目的产生由机关 Marketing 和地区部 Marketing 在年度规划时进行对标，并纳入预算清单，便于地区部呼唤炮火。
- 成立重量级 MET 项目组，包括来自 Marketing、解决方案销售部、产品管理部的专家。
- MET 按照双周或月度开展项目分析会，进行日常管理。
- 地区部 MDT 每月评审 MET 项目进展，给予指导、进行资源协调、管理风险等。
- 年度进行 MET 营销标杆项目的考核、评奖和激励，并进行成功经验分享。

4. 地区部 MDT 决策的内容主要有哪些？

地区部 MDT 的议题是市场决策的唯一管理抓手，由地区部总裁在 ST 会上进行决策。议题包括但不限于以下内容：

- 年度地区部细分市场的选择与排序。
- 营销标杆项目立项、进展、结题和运作管理。
- 地区部各细分市场营销计划评审决策。
- 地区部营销方案和营销活动评审决策。
- 地区部营销预算评审决策。
- 跨产品线解决方案需求管理。
- 地区部价值客户联合创新。

5. 如何衡量营销方案的质量？
  - 与公司战略相匹配：规划的营销方案支撑了公司的战略、商业意图和业务重点，能有效提升公司品牌，能帮助业务增长。
  - 从客户视角出发：营销方案对准并包含了客户业务战略痛点和关键需求，能快速激发客户购买意愿。
  - 有可衡量的产出：如产生的线索有多少，推进多少机会点签成合同等。

6. 组合营销活动的目的是什么？有哪些要点？

目的是从受众角度高效整合有限的营销资源，最大化营销活动的价值，达成战略和品牌诉求。

  - 要点一是 Making Market，对齐公司的战略，树立行业领导力，提升细分市场的品牌美誉度。
  - 要点二是以营促销，从解决客户的问题出发，开展解决方案营销，使标杆项目可以快速复制，实现 1 到 N 或者 1 大于 N 的突破。
  - 要点三是地区部能快速选择公司发布的组合营销活动的方案包，自主选择开展相应的营销活动。

7. Launch 与 GTM 的区别在哪里？

Launch 是 IPD 流程的一个点，指产品发布。

GTM 属于 MTL 流程，是一个细分市场中可以包含未发布产品、将发布产品、已发布产品等多种场景下，有目的地组织营销方案和营销活动，提高该细分市场的线索数量。

华为 MTL 变革发起人在变革推行动员会上的讲话中指出："Go to Market（上市）是以客户和市场为中心的，是把产品推向市场，并通过营销活动来创造和发现线索，然后把线索孵化成机会点。而且 Go to Market 活动可以选择性开展，即使产品 Launch 了，并不等于要面向每个区域 Go to Market。针对不同的市场，Go to Market 的策略、节奏、时间点也都不一样。这是对我的第一个启示，就是通过 Go to Market，解决了 IPD 流程中产品 Launch 后面临的客户和市场适配的问题。"

8. 产品管理与市场管理定位的差异点是什么？

产品管理主要是对产品竞争力负责，即通过产品组合规划、产品 Charter 开发和立项，以及需求管理指导研发进行产品开发。

市场管理是对市场竞争力负责，是通过细分市场组合规划，形成市场策略指导销售，提升该细分市场的赢单率，拓展市场格局。从 4P 理论来看，产品只是市场的一个维度，比如即使产品竞争力不高，也可以通过很好的市场管理如价格、营销进行弥补，如同"田忌赛马"，也可以在市场上获胜。

9. MQA（营销质量保证）的主要工作包括哪些？

- 支撑营销战略到执行。

组织战略解码与营销目标制定，形成营销领域重点工作清单并例行管理，促进年度营销业务目标达成。

- 营销业务运营执行。
  - 组织形成年度营销预算，并例行输出营销预算执行监控报告。
  - 建立营销绩效度量办法，定期输出绩效报告并例行晾晒，牵引持续改进和组织能力提升。
  - 组织制定项目群清单及项目目标，基于项目计划监控项目进展，输出项目月报及年度项目评估表。
  - 辅助并监控流程执行，按照营销运作日历组织相关会议，如 MDT 会议、ST 会议等。
- 营销流程运作。
  - 负责营销流程适配及推行、总结、制定。
  - 发布营销领域业务规则，收集并反馈优化流程需求，识别流程存在的改进点。
  - 培养质量文化，促进流程成熟度的持续提升。

10. 营研协同（MTL-IPD）的主要内容包括哪些？

- MTL 细分市场选择和排序结果支撑产品线战略制定和产品组合规划。

- MTL 细分市场描述是产品线产品 Charter 的重要输入。
- 细分市场经理根据产品管理代表提供的产品基础信息完成 MTL 营销要素的开发。
- IPD 发布的产品版本通过 MTL 细分市场营销计划实现以市场为中心的上市。
- MTL 将营销活动中客户对产品的反馈输出给 IPD，使产品线更好地在 IPD 生命周期管理中完善。

他山之石

最近思考工作中遇到的一些事情。到一线出差，客户线向我抱怨公司的营销活动太多，各种论坛各种展会，每个月都被要求邀请客户，客户感知很不好。在某大 T 峰会中场休息期间，发现客户的信息量和思考的深度高于我们（也是一线反馈的"很难影响客户"的深层原因），会上不谈是因为"想清楚了"，我理解是客户给我们面子。我们是否理解客户的失望与愤怒？是否有解决方案？

把这些事连起来，有一些想法和大家分享：

1. 少些追求"形式感""排场"的大会、务虚会，多些坐下来和客户一起讨论解决实际问题的小会、办公会。

一年适合搞大型营销活动的时间少于 8 个月，现在公司级/BG 级的大展会、论坛已有 6 个，加上区域级活动和各种借会办会，一线"每个月都在请客户"的抱怨并不夸张；但另一方面，一线带客户回国，或组织单一客户峰会，找领导、找专家却相当不容易，可以了解一下组织一个客户群活动，一线要发多少邮件，打多少电话找人。

- 进一步整合 2017 年的大型营销活动，少而精，回到平实，不打酱油，在公司层面达成共识，BG 如此，集团、产品线也如此。
- 从 2017 年巴展开始，工作重心放在客户群的"开会"上，要求系统部把每个客户群一年要干的事情一件一件列出来，重心不放在形式上。
- 和全球客户群销售部一起，发布单客户群峰会策划、实施流程和资源地图。

2. 少些高大上的"趋势""愿景""新概念"，多些场景化的实践经验教训的总结和案例，客户知道了 Why 和 What 后，重心要回到回答 How 上。

"场景化"、"案例化"和"深挖纵深"是机关和一线各 MSSD 营销方向改变的关键词。每个细分市场对应解决方案的场景是有限的，一个一个列出来，要解决客户什么问题，再通过对应案例的深度分析，回答如何解决，哪怕一个场景就聚焦一个案例，深度打开，越细越好。我们的"商业故事会"很好，要不断打进纵深，越深越好。

比如：客户如何定义产品包，如何推广到目标客户，如何定价，如何做平 BP，如何解决入户布放，如何解决运维问题（何种组织和工具平台），如何处理用户投诉，整个上市、装维、运营、网建过程客户都遇到了哪些挑战，如何解决的，等等。我了解到每个环节都有很深的故事。案例要有纵深，只有干过的、干成的案例才可以真正打动其他客户。案例库放在营销平台上，不断丰富，就可以不断帮助一线匹配不同的解决方案场景。

这样的案例并不少，但从一线到机关的深度挖掘、整理、发布远远不足，公司最大的浪费就是知识和经验的浪费。请大家理解和思考，并调整营销工作的重心，逐案例深入分析、研究、讨论，提炼出场景化、有深度的客户解决方案营销要素，对于真正能回答客户"How"问题的优秀案例加大激励。

3. 少些办公室里的坐而论道，多些进机房、上站点、去街边柜、蹲营业厅。

缺乏一手实践的营销，纵深经常是不够的。当前阶段，优秀的市场洞察已经不能停留在"大趋势"层面，而要深入客户群的痛点和问题，挖出根源。

4. 少些"捕鱼"的激情冲动，多些"结网"的厚积薄发。

两个字："工具"，营销和行销的工具。

多个场合下和大家讨论过，这是机关 MSSD 责无旁贷的责任，也是对历史的补课（GTS 过去几年对工具投入的成效是显著的，值得认真学习），不多讲了。如果能力和经验（案例）不能最终承载到工具上，组织能力和效率就上不去，MSSD 就改变不了靠人拉肩扛做市场的落后状态。

5. 少些新产品、新解决方案炒作期就上市的头脑发热，少些"领导者""无人区"的盲目乐观，多些深入学习、独立思考和对不确定性的谨慎和敬畏，多些对对手的深入分析。

我们必须承担控制新产品、新解决方案上市节奏的责任，在一片喧嚣和热炒中保持冷静，独立判断，不跟风，不盲从。

关于对手的深入洞察和分析，是今年对各部门的重点要求，有进步，但不够。来自微信朋友圈、对手财报、网上新闻的所谓"洞察"非常肤浅，要研究竞争对手，就必须通过找客户、直接挖人、找顾问、找渠道了解内幕，MI 要有专门的小组长期跟踪研究，而不是任务式。

6. 少些封闭和惯性，多些开放和改变。

请大家先自己理解和思考。Q4 我组织大家就这些问题深入讨论一两次，形成 2017 年 MSSD 组织和运作优化的方向性共识。我们这个团队对市场变化高度敏感、客户界面经验丰富、富有进取心和攻击力，如果能融合部分产品与解决方案、GTS 等兄弟体系"步步为营"的特质，这个团队必然能成倍为客户和公司创造价值，共勉。

2016 年 10 月 18 日，运营商 BG Marketing 与解决方案销售部主管内部发了一篇自我改进建议的工作邮件《少些浮躁，深入纵深》。邮件转发到心声社区后，引起广大员工热议。总体上，员工对当前公司各级组织中"吹得多、干得少，不解决客户问题"和"唯上、唯 KPI 而不以客户为中心"的工作作风提出了尖锐的批评，期待出台改进措施。

2016 年 11 月公司 EMT 会议上，对上述问题进行了讨论，要求各部门结合员工反馈的问题开展自我批判，自查自纠，踏踏实实地做实，切实扭转工作作风。

——任总签发电子邮件"转发《少些浮躁，深入纵深——对业务现状的思考及改进建议》及评论"节选

第六章

变革 / 流程 /IT/ 质量 /
运营"五灯塔",护航企业管理转型

> 从1998年起,华为系统地引入世界级管理咨询公司的管理经验,在集成产品开发、集成供应链、人力资源管理、财务管理、质量控制等诸多方面,全面构筑客户需求驱动的流程和管理体系,聚焦到创造客户价值这个核心上,经过不断改进,华为的管理已与国际接轨,不仅承受了公司业务持续高速增长的考验,而且赢得了海内外客户及全球合作伙伴的普遍认可,有效支撑了公司全球化战略。
>
> 沿着客户价值创造链梳理,打通端到端的流程。并将这些经过检验并稳定运行的流程固化到企业信息化系统中,并使这些流程管理电子化,并将他们固定到数据库中,实现从客户端到客户端最简洁并控制有效的连通,摆脱了对人的依赖。1997年,IBM对华为当时的管理现状进行了全面诊断:缺乏准确、前瞻的客户需求关注,反复做无用功,浪费资源,造成高成本;没有跨部门的结构化流程,各部门都有自己的流程,但部门流程之间是靠人工衔接,运作过程割裂;组织上存在本位主义、部门墙,各自为政,造成内耗;专业技能不足,作业不规范,依赖英雄,这些英雄的成功难以复制;项目计划无效,项目实施混乱,无变更控制,版本泛滥。通过八年的探索和实践,公司以客户需求为导向,构筑了流程框架,实现了高效的流程化运作,确保了端到端的优质交付。
>
> ——任总《华为公司的核心价值观》在"广东学习论坛"第十六期报告会上的讲话节选(2004年4月)

企业的发展，从人员规模的角度来看，大致可以分为三个阶段（见图28）。

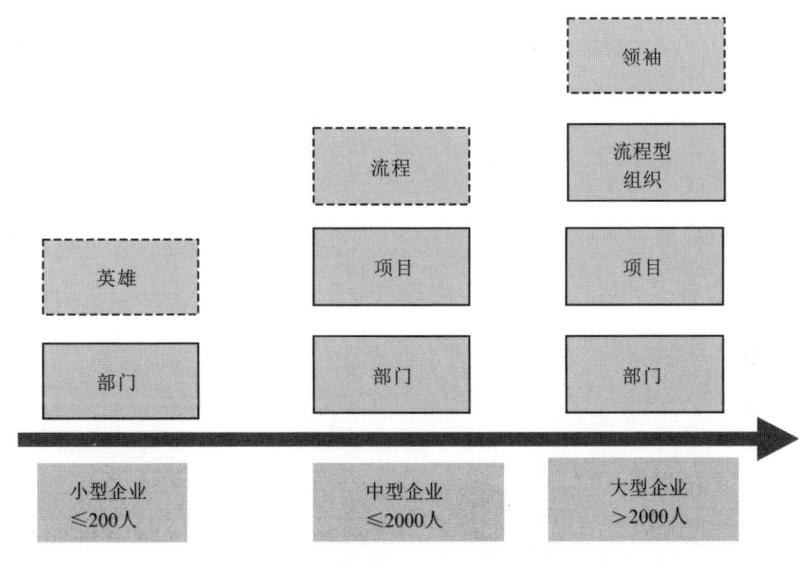

图 28　企业规模与管理方式示意

第一个阶段是初级阶段（"部门重点工作"+"英雄"）。当企业规模较小（不超过200人）时，此时管理体系往往建立在"应急"的基础上，以"人治"为中心，重点关注几个关键的人、几件关键的事即可，"以变应变""兵来将挡，水来土掩"，依赖英雄和部门重点工作更容易成功，而且灵活高效。

第二个阶段是中级阶段（"项目"+"流程"）。当企业成为中等规模时（大于200人不超过2000人），先通过项目运作连接各部门，然后流程的意识逐渐建立；识别关键业务节点、关键岗位及所需技能，不断提升业务绩效，逐步引入"法治"的能力。

第三个阶段是高级阶段（"流程型组织"+"领袖"）。当企业发展成为大型企业时（超过2000人），如何构建规范的管理体系是本阶段企业的重中之重，流程化运作成为必然，才能达到"以不变应万变"的境界。建立流程型组织，大力开展项目化运作，实现资源协调和全局最优；不断促进创新管理和知识共享，提升业务能力，并使业务和组织更好地适应行业经营环境；培养一批理解并掌握企业管理的商业领袖和领域领军型专家，实现"法治"和"人治"的平衡，从而不断提升业务效益、业务效率和业务运作质量。

第一节 设置质量与运营部,建立"管理业务变革、质量与运营"的流程

做好变革、流程、IT,本身也需要流程,比如业界常说的"流程管理的流程"。一般来讲,"管理业务变革、质量与运营"包含五个 L2 级模块:管理流程、管理 IT、管理变革、管理质量、管理运营(见表 18);建议 COO 作为流程责任人,并成立质量与运营部开展工作。

表 18 管理业务变革、质量与运营流程架构

L1	MBT&QO				
L2	管理流程	管理 IT	管理变革	管理质量	管理运营
L3	管理流程规划	管理 IT 规划	管理变革规划	管理质量文化	管理业务运营
	管理流程架构	管理 IT 架构	管理变革过程	管理质量改进	管理流程运营
	管理流程建设	管理 IT 开发		管理质量体系评估与审计	管理 IT 产品运营
	管理流程管理工具和方法	管理 IT 基础设施			管理项目
					管理知识

"打样企业"质量与运营部组织如图 29 所示。

质量与运营部统一对公司的业务运营、变革、流程、数字化转型进行管理,对公司其他一级部门所辖的质量与运营部进行行业管理(COO 拥有 20% 的考核权)。

产品体系、销售体系、BG 的质量与运营部向业务主管实线汇报(业务主官拥有 80% 的考核权),这样实现了各一级部门自己按流程实现自运营,公司质量与运营部主要起到能力中心和监管作用。

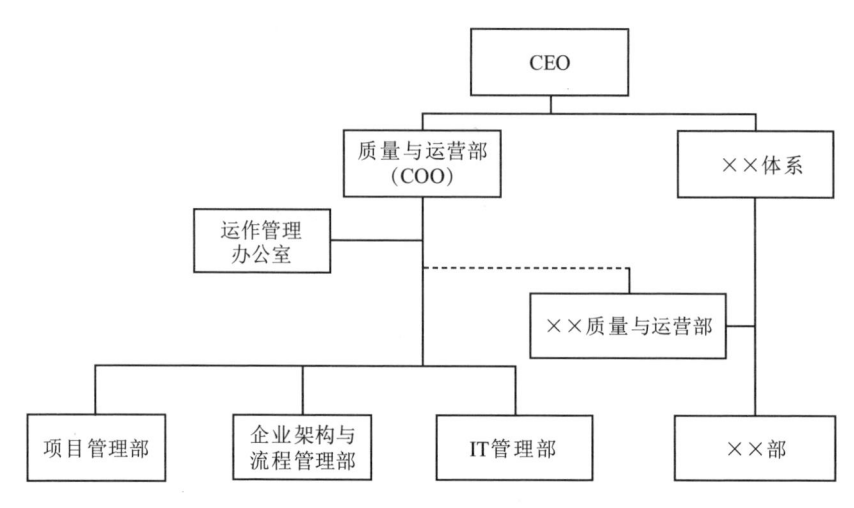

图 29 质量与运营部组织示意

1. 运作管理办公室主要职责

- 协助 COO 开展工作。
- 负责公司质量与运营部内部的"质量与运营"工作。
- 协助公司质量与运营能力中心（COE）的工作等。

2. 项目管理部主要职责

- 对公司的变革项目进行统一管理，包括变革项目规划、预算、项目定级、公司级变革项目进展报告、赋能等。
- 输出项目管理方法、工具、模板供其他部门使用。
- 派出 PMO 支持公司级项目。

3. IT管理部主要职责

- 牵头负责公司的数字化转型架构蓝图，牵头设计和维护信息架构和技术架构。
- 负责 IT 产品运营，开发和维护平台 IT。
- 委派 IT 专家指导业务部门业务 IT 开发。

一般情况下，由业务部门负责业务 IT 的规划和建设；特殊情况下，如公司处于数字化转型全面重构和新建时，IT 管理部也可以全面完整地负责公司所有 IT 规划、建设、运营和维护，同时业务部门提出需求并进行验收。

4. 企业架构与流程管理部主要职责

企业架构与流程管理部是质量与运营部的核心部门，主要职责如下所述。

- 建立规则：建立流程架构、流程管理的规则、流程文件标准/模板等。
- 开展赋能：开展业界最佳实践研究，开展架构与流程管理的方法/工具赋能。
- 输出资源：参与重大变革和流程优化项目，提供专家指导，提供项目方案。
- 同行评审：对流程、变革、IT 等领域的输出件开展同行评审，提升质量。
- 合规运营：建立并维护流程的绩效管理机制，组织开展流程成熟度评估，配合遵从性测试、半年度控制评估（内控）；建立并维护流程文件发布和查询平台等。

5. ××质量与运营部主要职责

业务部门下辖的 ×× 质量与运营部，其主要职责如下所述。

- 质量与运营。
  - 负责本领域业务运营工作。
  - 负责本领域业务质量工作。
  - 负责组织流程管理制度、规范、受控的宣贯培训。
  - 负责流程运营监督，确保流程正常规范运转（月度）。
  - 负责流程遵从性检查，并推动整改和解决（季度）。
  - 配合公司流程成熟度评估（年度）。
- 组织本领域变革、流程和 IT 规划，负责收集相关需求和问题；输出变革、流程和 IT 项目；管理变革、流程和 IT 预算。
- 负责管理本领域变革、流程和 IT 项目和进展；组织和协调变革、流程和 IT 项目评审和决策；负责定期发布变革、流程和 IT 项目进展状态报告。
- 进行本领域流程和 IT 架构设计。
- 负责本领域变革、流程和 IT 项目的开发、试点、推行。

第二节　理解流程基本概念，设计流程架构，有序开展变革

1．流程基础知识

ISO 9001："流程是一组将输入转化为输出的相互关联或相互作用的活动"。

一般来说，流程即业务流转的程序，包括客户、价值、输入、活动、逻辑关系、输出六个要素，可以分为六个层次（见表 19）。

表 19　流程分层

流程分层	含义	例子
L1	流程类	IPD
L2	流程组	产品管理
L3	流程	产品 Charter 开发与立项
L4（可选）	子流程	需求定义
L5	活动	产品构想
L6	任务	根据产品包需求模板定义产品

流程的层次和管理层次相关，不同的流程层次对应不同的管理层次的工作。

L1 是流程类，从为客户创造价值出发，支撑公司战略和业务目标实现，覆盖全部业务。

L2 是流程组，体现创造客户价值。

L3 是流程，由那些具体的业务流程去实现价值创造。

L4 是子流程，该层为可选，针对复杂 L3 继续分解而成。

L5 是活动，即完成流程目标所需要的具体活动。

L6 是任务，即完成流程活动所需要的具体任务。

"打样企业"在流程架构管控上，采用以下机制：

- L1、L2、L3 由企业架构与流程管理部代表公司集中管控，流程架构发布后，涉及 L1、L2、L3 的更改需由 EMT 决策。
- L4、L5、L6 由 GPO 管控，涉及 L4、L5、L6 的更改由 GPO 决策。
- 为了落实流程责任制，GPO 的权力和责任不能转授权。GPO 的任命必须经过公司 ESC 议题预审且 EMT 决策后才能转授权。

2. 流程的主要作用

流程更聚焦市场和客户界面，帮助业务实现增长。

- 流程帮助优化组织阵形，沉淀组织资产，提升组织能力。
- 流程帮助业务实现持续运营改进，提升业务工作过程质量。
- 流程是企业的"法律"，通过 IT 固化后可以防止业务腐败。

3. 设计流程架构，提升企业业务运作能力

流程架构设计需要遵循以下原则。

- 战略驱动：流程架构需要符合公司战略，同时需要适应公司商业模式的调整。
- 服务于业务：流程架构既可以正确地描述业务，也可以正确地为业务提供服务。
- 全面而不重复：能够端到端地反映企业的业务流程，没有遗漏，也没有冗余，且能够指导企业的组织结构设计和 IT 架构开发。

流程架构主要包括以下输出：

- 企业 BPA。
- 各业务流程 BPA（L1 至 L3）。
- 各业务流程 L1 至 L3 架构卡。
- 各业务域 CBM（Component Business Model，业务能力组件模型）。

企业 BPA 不是一成不变的，它与企业的发展阶段密切相关。

在笔者看来，比如华为公司业务发展大体经历了以下四个阶段：创业时

期（1987—1997 年）；国内模式时期（1997—2004 年，年收入 40 亿～460 亿元）；全球化模式时期（2004—2012 年，年收入 460 亿～2200 亿元）；"不确定性"模式时期（2012 年至今，年收入 2200 亿元到巅峰期超过 8000 亿元），不同时期的 BPA 设计有不同的业务驱动逻辑。

4．什么是变革

业务变革是在业务愿景和战略的要求下，不断对企业的流程、数字化技术、组织进行改进，改善企业的客户满意度、效益、成本、质量、效率等，更好地实现企业长期经营目标。

主要包括以下五个方面的创新。

- 观念创新：自上而下开展，由公司愿景和战略所驱动，持续优化公司管理团队的观念、意识和行为。
- 流程创新：是对新机制、新方法的创新。
- 组织创新：如职能型组织向项目型组织转变，跨部门、大平台支持精兵作战、一线呼唤炮火。
- 技术创新：采用新的技术使能，如数字化等。
- 激励创新：如获取分享制。

5．管理变革过程，是变革成功的保障

以下是为"打样企业"适配的"变革六步法"，特征是有序开展变革，确保变革与业务战略一致，供参考。

- Step 1：变革战略规划与年度业务计划。

主要是理解业务战略的要求，站在未来思考从变革角度能为业务成功做出哪些关键举措。

- Step 2：变革准备度评估。

包括各方面资源到位：如组织、人员、主官意愿、能力、流程成熟度评估、激励、顾问等。

- Step 3：变革项目组建与开工。

包括：项目组任命、目标设定、项目计划、项目开工会、项目动员会（项目发起人、项目责任人）等。

- Step 4：变革方案设计与开发。

包括业务战略研讨、业务痛点调研和识别、业界最佳实践研讨、变革方案设计与适配、变革方案开发与评审、变革方案验证等。

- Step 5：变革方案试点与推行。

包括变革方案培训与赋能、试点策略、试点计划、试点工具包开发、试点总结、变革方案推行策略与计划、变革方案推行、变革推行总结、变革项目转运营等。

- Step 6：变革管理。

包括关键利益干系人沟通、项目管理、变革进展评估、赋能、宣传、激励、组织、人才培养、文化、变革资产管理等。

第三节　完善流程管理体系，提高业务运作质量

1. 聚焦流程管理关键成功要素，促进业务不断改进

人、财、物三到位。首先确定业务流程责任人，业务主官需要自己理解业务的底层逻辑，研究并打磨方法，既有业务经验又有流程管理专业能力，指导下属通过流程管理的方法改进业务。其次，预算到位，变革预算约占全年销售收入 1%~2%。最后，物资到位，先进的流程 IT 管理工具，基础设施等。

赋、证、评三结合。流程中的人员应参加相应赋能和培训，并通过考试和认证，流程的工作质量应与该环节操作者的绩效考评产生紧密联系。

建、推、查三闭环。业务部门按企业架构和流程管理部统一要求建立完善的流程运作支持文档。业务部门、质量与运营部共同负责监督并保证业务流程的推行和贯彻实施。质量与运营部定期测量、监控和检查流程运作的绩效是否符合要求。

"打样企业"不断反复地实施以上关键点，流程管理与业务发展形成"一张皮"运作，发挥了很大的作用。

2. 规范流程管理过程运作，在规划—建设—推行—运营各个环节提高质量

流程规划的主要工作有需求管理、版本管理、流程架构规划。

流程建设主要包括需求分析、流程方案设计、流程文件开发、流程集成验证、流程试点。

流程推行主要包括业务适配、组织适配、推行与赋能等工作。

流程运营主要包括成熟度评估、流程绩效管理、CT/SACA 等工作。

3. 围绕业务流程开展质量管理和业务运营，持续为客户创造价值

- 业务运营是确保企业正常运转和正常经营不可缺少的动作。

从职责来看：
- 业务责任人是运营的责任主体，对落实战略执行、达成业务目标负责。
- 质量与运营 BP 是业务运营的伙伴，运营流程质量的工具和方法支撑业务开展运营活动，并持续改进。
- COE 团队是质量与运营团队的能力中心，负责运营过程中方案设计与改进的能力孵化和支撑。

从 PDCA 循环来看：
- 运营规划是"企业体检规划"，需要结合业务规划和变革规划发布运营计划，做好"五定三看"。"五定"是定目标、定指标、定基线、定责任人、定奖惩；"三看"即看战略规划、看业务价值、看质量要求。
- 运营执行是"医生"，定期对业务开展流程赋能，并沿着业务流程对业务进展、KCP 点、流程交付件进行"体检"。
- 运营绩效管理是"诊断结果"，根据客观的数据预警并分析业务目标差距和业务健康度，提交 ST 会议审核。
- 管理持续改进是"养生方案或治疗方案"，下达任务令督促并检查业务改进。

● 质量是制造行业的自尊心，同时也延伸到各行各业。

质量有以下内涵，从客户的角度看：
- 著名质量专家戴明：质量就是使客户满意。
- 著名质量专家朱兰：质量就是适用性。
- 著名质量专家克劳斯比：质量就是符合客户特定的要求。

从企业的角度看：
- 质量一方面反映企业组织的过程能力，如过程/过程规范的符合度。
- 质量另一方面反映企业最终产品/服务的交付件质量。

质量在业务活动中处处体现，如：常见的产品体系中，开发质量，产品 Charter 的质量；销售体系中，销售项目质量、销售合同质量、交付项目质量等，所以公司必须实行全流程的、全员参加的全面质量管理（Total Quality

Management，简称 TQM），使公司有能力持续提供符合质量标准和顾客满意的产品。

ISO 9000 对 TQM 的阐述是："一个组织以质量为中心，以全员参与为基础的管理途径。其目的在于通过顾客满意和本组织成员及社会收益而达到长期的成功"。

做好公司质量管理，需要企业高层统筹协同，比如，成立 CSQC（客户满意与质量管理委员会）。"打样企业"由 CEO 担任主任一职，COO 担任副主任一职，各业务部门主官和各业务部门质量与运营部部长为成员，协同公司所有质量专家，这样保证每一层级的组织对质量都有深刻的理解。CSQC 评审公司客户满意度调查结果，评审公司质量审计结果，迅速处理升级到公司的跨部门质量问题，推动业务部门改进。

对一家企业来讲，质量管理获得成功不可能一蹴而成，需要经过漫长的历练，不断升华。

正如 2022 年华为公司年报所述：坚持以质取胜。具体来说，将进一步深化基于 ISO 9000 的全面质量管理，对准客户需求，以战略为牵引，实施全员、全过程、全价值链的质量管理，持续为客户创造价值。

企业在学习业界标杆的过程中，在不断发展过程中，"士不可以不弘毅，任重而道远"，不能停下质量管理的脚步。

研讨与演练

1. 如何提升业务主官的变革领导力？

2. 公司质量与运营部部长组织一次研讨，输出公司变革规划并进行预审，内容包括流程变革、组织变革、数字化转型。

3. 公司投资评审委员会主任和公司质量与运营部部长共同组织一次 IPD 变革准备度评估，并向经营管理团队汇报决策是否启动 IPD 变革。

4. 研讨并建立公司质量方针。

5. 研讨并建立公司质量目标。

6. 选择一个产品开发团队，开展质量控制圈活动。

7. 输出××地区部运营规划。

8. 研讨公司 IT 开发与业务部门的配合方式。

关键问答

1. 什么是华为公司流程"日落法"？

华为公司流程"日落法"主要用于成熟流程领域，防止在成熟流程领域变革时增加不合理的评审点，其借鉴了美国的"日落法"。

2016 年 11 月 30 日，华为 EMT 会议正式讨论通过了《关于"1130 日落法"暂行规定》。

在 IPD、LTC、DSTE、SD 等成熟流程领域，每增加一个流程节点，要减少两个流程节点，或每增加一个评审点，要减少两个评审点。随着其他流程领域走向成熟，逐步覆盖所有流程领域，并由各 GPO 负责落实。

2. 流程与制度的关系和区别是什么？

流程管事，用来指导组织成员更有效地开展工作，是企业高效运行的保障，以"引导"的思想开展企业管理。

制度管人，用来约束组织成员的行为规范，是企业正常运行的保障，以"预防"的思想开展企业管理。

流程是制度的基础，制度有利于流程的执行和改进。

3. 数字化转型需要以流程建设为基础吗？

需要。数字化转型关键在于业务对象数字化、业务过程数字化、业务规则数字化。因为业务对象、业务过程在流程中定义，所以数字化转型需要以流程建设为基础。

4. 数字化转型一定要先做好 4A 架构才能进行建设吗？

视企业的客观情况和数字化转型的节奏而定。

4A 架构包括业务架构、应用架构、信息架构、技术架构。内容非常多，落地需要一批专家，更需要漫长的时间（至少 2 年）。一般的公司不具备条件，但具备条件的公司建议严格按 4A 架构开展数字化转型，这样可以更好地使用业界的软件包。

对不具备条件的公司来说，一期规划（第 1 年）先急用先行认真做好以下五个方面：客户旅程、业务场景、对象数字化、过程数字化、规则数字化；整体实力提高后，二期规划再导入 4A 架构进行重构。

5. 什么是 QCC？

华为公司倡导"小改进，大奖励""大建议，只鼓励"。QCC 在华为广泛运用，从生产制造部门到研发部门再到产品管理部门，都有很多 QCC 存在。

QCC 是 Quality Control Circle 的简称，意为"质量控制圈 / 品管圈"，它是同一工作单位或工作性质相关联的人员，通常 3 至 10 人，自动自发组织起来，通过科学运用各种工具方法，持续进行提升效率、降低成本、提高产品质量等业务的小组。

很多企业找笔者做流程变革，笔者往往给下不了变革决心或者认为变革就是"打点滴打吊瓶"的企业提供一个更好的途径，即先运作几个 QCC 试试看，如果连 QCC 的预算、人力、方法、效益都没有，做变革成功是不可能的。

6. 什么是 PDCA 循环？

PDCA 是管理学中的一个通用模型，也是全面质量管理体系运转的基本方法，企业使用时需要收集大量的数据资料，并综合运用各种管理技术和方法，不断地发现问题和解决问题。PDCA 循环分为四个阶段。

- P: Plan，计划阶段。
- D: Do，设计和执行阶段。
- C: Check，检查阶段。
- A: Action，处理阶段。

他山之石

实行大部门制，减少流程节点，提高流程的运行速度与效率，努力建设好服务平台。我们建设与优化平台的目的，是为前线作战服务，如果不能直接或间接地产生这些贡献的流程，平台部门不要孤芳自赏。喧宾夺主的后果，是对前线产生较大的牵制，提升了运营成本。

当前正在贯彻执行 LTC 与 IFS，我们要在贯彻执行中，发现和培育专家与干部，并把他们选拔到合适的岗位上来。反对我们平台流程的员工，不一定是不好的员工，但任何已经论证了的流程一定要落地，遵从执行，才知道它的问题，才能提出改进与优化的建议，才有可能推动优化与改进。我们不能讨论得没完没了。当我们的流程建设好后，要欢迎他们来批评，当然可以批评的不只是流程。也在批评与自我批评中，发现和选拔干部。

我们当年创业是在没有良好管理体系的支持下，为了快速发展，划小了行政责任，实行小部门制，以适应快速变动的业务与发展，它为公司做出了历史性的贡献。但也产生了严重的后遗症，决策链条过长，拖了今天需要规范化管理的后腿。相当多的人反映，做公司内部的公关，比做外部的难了许多倍。这种严重的滞后效应，都是源自没有流程或流程没有打通而造成的流程过长，决策点太多。决策点太多的原因还来自授权不足，以及中高层干部当责意识不强，害怕犯错误。

当前我们的 IFS 与 LTC 的推行，正进行在关键时刻，我们要沿着科学的管理，改革我们的流程。我们要实现公司各个主干流程的融通，减少重复劳动,使之变得快捷有效。公司已经经历十几年的流程改造,初步形成了较为合理的流程管理,我们还要实事求是地、因地制宜地进行优化。变革要实事求是,从实用的目的出发,达到适用的目的。我们要继续贯彻七个反对,反对完美主义,反对烦琐哲学,反对盲目创新,反对没有全局效益提升的局部优化,反对没有全局观的干部主导变革,反对没有业务实践经验的员工参加变革,反对没有充分论证的流程进入实用。

我们在流程建设上也不能陷入僵化与教条,越往基层、越往使用者,应该越灵活。更应允许他们参与流程优化及优秀实践的总结。我们在主干流程上的僵化与教条,是为了以标准化实现快捷传递与交换。末端流程的灵活机动,要因地制宜,适应公司的庞大与复杂。

我们已逐步规范化,要实行大部门制,来支持主干流程的融通和高效,不一定会官僚僵化。特别是基层的业务综合化,有利于提高决策效率。我们在新的一年中,应努力去探索合理的解决方案。

——任总在市场工作大会上的讲话节选(2012年1月)

第七章

企业文化漫谈

> 资源是会枯竭的，唯有文化才会生生不息。一切工业产品都是人类智慧创造的。华为没有可以依存的自然资源，唯有在人的头脑中挖掘出大油田、大森林、大煤矿……精神是可以转化成物质的，物质文明有利于巩固精神文明。我们坚持以精神文明促进物质文明的方针。这里的文化，不仅仅包含知识、技术、管理、情操，也包含了一切促进生产力发展的无形因素。
>
> ——《华为基本法》第六条

上等公司靠文化，中等公司靠制度。全球知名的 CEO 杰克·韦尔奇也说过"百年企业靠文化"。

华为业务变革与流程管理体系的落地，与文化、人才厚度、组织能力密切相关。流程型组织，规定了做事的正确程序和方法，但有时作业人员汇报对象有多个主管；变革的过程非常漫长，其中涉及很多利益的重新分配，如何在机制上实现以公司整体利益为重，放下部门利益和个人利益，这些都是既深奥又简单的课题；如果执行流程开展变革的组织，不进行能力提升和文化熏陶，是难以持续成功的。

企业文化是企业的灵魂，包含着方方面面的内容，其核心是企业的价值观、组织氛围和内驱力。

如果把企业作为生命体，企业文化则是其精神文明。

企业文化的形成，一是来源于全体员工的工作实践和共创研讨，二是来源于创始人和企业管理团队的思想哲学和道德示范。

第一节　博采众长融汇中西的华为文化

华为创始历程比较曲折。1987 年，已过不惑之年的任正非先生拉着其他几个人共筹了 2.1 万元，他们来自各行各业，很快公司做通信产品代理赚了一些钱。这个时候任总坚持投资做自主研发，其他人认为任总的想法是天方夜谭，不愿意搞自主研发，认为好好做代理就可以了，结果其他人拿到回报后陆续离开公司，只有任总坚持下来，将华为带入自主研发高速发展的轨道，后来更是提出知名的通信市场"三分天下有其一"的战略愿景。华为多年累积的 9700 多亿元人民币的持续研发投入，以及集体的艰苦奋斗精神，像梅花一样经历了一年又一年的严寒，现在实现了梅花飘香，华为在全球获得专利超过 12 万件，成为世界级的高科技公司。

走进华为公司，随处可以看到如下宣传语：

"以客户为中心，以奋斗者为本"

"长期坚持艰苦奋斗，长期坚持自我批判"

"胜则举杯相庆，败则拼死相救"

"枪林弹雨中成长"

"雄赳赳气昂昂跨过太平洋"

"深淘滩，低作堰"

"不让雷锋吃亏"

"烧不死的鸟就是凤凰"

"从泥坑里爬出来的就是圣人"

"板凳要坐十年冷"

"质量是我们的自尊心"

"一杯咖啡吸收宇宙能量"

……

很多故事则是这些宣传语的真实写照。

1995年底,华为市场部遭遇意料之外的失败,在产品具备一定竞争力的情况下,在国内五个省份的通信设备招标中,华为没有中标,市场部开始集体反思,启动以"干部能上能下"和"让有能力有冲劲的人上"为主题的组织变革;1996年,华为市场部主动集体辞职,重新竞聘上岗,以激活市场体系,更好地为客户服务。

1998年,华为中研部开展"反幼稚大会",提出只有市场和客户满意才是唯一的验收标准,不再从研发角度理解"研发部开发的产品就是好产品"。

1998年,华为在各大高校设立"寒门学子"奖学金。

2000年,华为中研部召开"呆死料机票奖励大会暨反思大会",6000余人的会场上,骨干员工上台"领奖"并进行反思。奖品造型非常有特色:有的是用相框封装了一块废弃的单板,有的是用相框封装的往返机票。会后有人说,此次大会刻骨铭心,回家后"卧奖尝胆",当枕头睡,奋发图强。此后,研发体系提出推进IPD试点,将产品质量构筑在IPD流程中,坚决一次性把事情做对,提高产品质量。

2008年,汶川地震,华为的服务工程师、公司管理团队以最快的速度奔赴现场,抢修通信网络,建立灾区通信"生命线"。

2011年,华为针对某客户投诉CEO事件,做了全面调查,后在全公司层面开展"我们还是以客户为中心吗"的自我批判。

2011年,日本发生地震并引起福岛核泄漏,很多人基于安全因素离开日本,华为工程师却"逆向而行",穿着防护服,走向福岛,抢修通信设备。日本政府发现华为工程师在那里坚守工作岗位,深受感动,并为华为颁奖。

2013年,任正非先生给一些高级干部颁发"从零起飞奖"。意思是这些高级干部2012年年终奖金为"零"。华为对高级干部获取奖金是有要求的,即"不达底线目标,团队负责人零奖金"。任正非先生说,"他们都是在做出重大贡献后自愿放弃年终奖。"

2016年,消费者BG开展自我批判,600多名管理者提交自我批判心得。

2019年至2020年新冠疫情期间,华为运用5G技术援助武汉火神山医院的建设。

2023年，华为突破其他国家芯片技术封锁，发布旗舰手机Mate60系列。

关于文化印象最深的是严格管理干部的文化，其有三个规定。

第一个是干部在公司任命前，会有一个任前公示，如果员工发现待任命干部违反了八项工作作风，可以直接向公司反映，党委调查属实后行使否决权。

第二个是华为经常开展"管理者18种堕怠行为"的自我批判，自我批判内容需要在"心声社区"发布，所有员工都可以匿名浏览和留言，对自我批判不到位的业务主官，员工甚至在留言中"喝倒彩"。这给予管理者很大的鞭策。管理者18种堕怠行为如下所述。

- 安于现状，不思进取。
- 明哲保身，怕得罪人。
- 唯上，以领导为核心，不以客户为中心。
- 推卸责任，遇到问题不找自己的原因，只找周边的原因。
- 发现问题不找根因，"头疼医头，脚疼医脚"。
- 只顾部门局部利益，没有整体利益。
- 不敢"淘汰惰怠员工"，不敢拉开差距，搞"平均主义"。
- 经常抱怨流程有问题，却从来不推动改进。
- 不敢接受新挑战，不愿意离开舒适区。
- 不敢为被冤枉的员工说话。
- 只做二传手，不做过滤器。
- 热衷于讨论存在的问题，从不去解决问题。
- 只顾指标，不顾目标。
- 把成绩透支在本任期，把问题留给下一任。
- 只报喜不报忧，不敢暴露问题。
- 不开放进取，不主动学习，业务能力下降。
- 不敢决策，不当责，把责任推给公司。公司是谁？
- 只对过程负责，不对结果负责。

第三个是公司EMT成员以身垂范，称为"EMT自律宣言"，后来称为

"董事会自律宣言"。曾记得参加过一次，当时参加的干部和员工很多，场面非常震撼。

笔者认为，正是华为对文化的重视，对干部管理的严格要求，对社会责任的担当，以及公司管理团队的以身作则，日积月累才形成了现在的铁军，形成了强大的战斗力，战无不胜，攻无不克。

去年在给一家企业做轮值制度咨询时，笔者特地加上了一条，要求 EMT 成员现场面对公司中高层干部进行宣誓。他们开始说"这些我们都知道，不会违反的"。笔者说"不行，一定要有仪式感。宣了誓不一样的，只有宣誓了，才能真正铭记于心，约束于行"。该企业听取了建议，进行了宣誓，各方面都更上一层楼，这就是文化的作用。有时候虽然文化看不见摸不着，但是非常有效。

第二节　游历祖国大好河山，建立独特企业文化

笔者与多位企业家交流，探讨中华优秀传统文化与企业经营是否可以结合起来，部分企业家认为经过实践检验，还是西方现代企业管理制度对企业经营助力较大，中华优秀传统文化可以从领导力、价值观等角度帮助企业家或者领导层改善组织氛围，但直接用于企业经营的比较少。本节观点没有对与错，旨在探索中华优秀传统文化在企业管理中的作用，请读者包容指导。

刚好有位民营企业家在变革咨询中再三希望笔者为公司做一个企业文化咨询，同时也提出一些问题，比如碰到亲属强烈希望在公司工作且要求身居要位怎么办？公司后续的接班人和传承怎么办？该企业是一家中国本土企业，所有业务都在中国，未来也不会走向国际。

实际上，笔者对这些问题没有经历过，只是退休后比较闲，茶余饭后喜欢阅读《道德经》《论语》《南怀瑾选集》《曾仕强全集》等。联想到此前在长三角做过城市数字化转型咨询和数字政府咨询，数字文旅板块中介绍了很多中华优秀传统文化。国家现在大力提倡文化自信，中华优秀传统文化是引领社会未来发展的关键要素之一。做好企业文化，必须对中华优秀传统文化有深层的贯通理解，才能做到古为今用，与时俱进。

在中华文明中，"文化"一词的含义其实非常广泛，既是一个名词，更是一个动词，以"文"运"化"一切。"文"是用文字记录下来宇宙、自然、社会、人体的规律。"化"指掌握做人做事规律且经过实践非常有成就之义。不论是帝王，还是人臣，谥号能带"文"字的，其为人和事功都非常了不起，如汉文帝刘恒、隋文帝杨坚、范文正公范仲淹、曾文正公曾国藩等。进而上之，《黄帝内经》第一篇"上古天真论"中的真人、至人、圣人、贤人达到的境界更是说明文化也含有天文与人文相统一之要义。

而"经济"一词，沿着中华文明追根溯源，指的是以"经"来"济"世。"经"是什么？"经"指的是高人掌握了真理后，用文字记录下来的便于传播的内容，如《易经》《道德经》《禅宗六祖坛经》等，所以，"经"其实也是"文"。"济"指的是"运化万事万物"的过程。实际上，企业不断为社会创造价值，为人类造福；自身也从亏损走向盈利，养活广大员工；企业家本身也从有知识盲点或者失利的迷惘转向掌握立体的知识点和全面觉知；等等，都是"济"的化现，由此而知，文化与经济在很多方面是相通的。企业家洞察时空的运化，将物质的"富裕"、心灵的"富丽"、德行的"富有"、知识的"富足"、生态的"富饶"有机融为一体，成为人人景仰的"五富临门"的"富豪"。

所以，为了完成此任务，并不爱好旅游只喜欢宅家的笔者开启了一段文化之旅，希望能够将中华优秀传统文化与企业经营更好地结合起来。

作为中华儿女，笔者首站当然是湖北神农架和河南新郑黄帝故里。炎帝神农氏开创了很多行业，如农业、医药、制陶等，特别是神农氏为解除百姓病痛之苦，尝百草，百姓感其恩德尤深。汉代有医学家托"神农"之名，合著有《神农本草经》。轩辕黄帝则统一了华夏部落，率领百姓建造房屋、制定历法、发明文字，是华夏文明的奠基人，春秋战国时期有医学家托"黄帝"之名，著有《黄帝内经》。

第二站是登封嵩阳书院、嵩山少林寺达摩洞、嵩山中岳庙、洛阳老君山、洛阳关林、郑州伏羲山、恒山悬空寺、大同纯阳宫、太原晋祠等知名文化景区。在游历过程中，笔者对经典有新的领悟而深受触动，这里面体现了很多要点：如修身齐家的儒家文化、慈悲渡生的佛家思想、逍遥自在的道家学说、神奇古朴的易经八卦，以及儒释道互相融合的和合文化、忠义双全的关圣文化。

笔者一直在思索，到底是什么激励着中华民族前进，鼓舞着大家不畏艰险呢？答案应该是"德"。

之前对"德"的理解比较肤浅，大致就是做一个好人，做一个有责任心的人，做一个勇于奉献的人。此次游历过程中，刚好有各种机缘参学，虽然对德的解释众说纷纭，但是加深了笔者对"德"的理解，"德"的内在力量是非常强大的。

在湖北神农架，大家追思：德，是为百姓而勇于探索，恩泽神州；功高日月，万世景仰。

在河南黄帝故里，人们缅怀：德，是为百姓而奋力开创未来，文明发祥；名垂天壤，万世流芳。

在嵩阳书院，大众分析：德，把这个字的笔画拆开，就是十、四、人人、一心，表示个人品行修养达到极高的程度，可以凝聚四面十方（八方＋空间的上、下或者时间的前、后）的人，成就一番事业，达到"人心齐，泰山移"的境界，也就是古人常说的"立德、立功、立言"三不朽。

在嵩山达摩洞，游客点赞：德，需要精研苦参数十年，还需天降红雪，断臂求法，才能得到面壁九年的达摩祖师授受衣钵，法印安心。

在嵩山中岳庙，导游指点：德，"得"也，外得于人，内得于己。一是指有德，才是真正的"得"。二是指让他人和自己都得到好处，既利他又利己。

在洛阳老君山，众人谈论：德与道经常结合在一起，道是天地万物不断运动变化的规律，德是掌握此规律后，恰当地运用于日常生活、为人处世、做事立业。

在洛阳关林，有人阐述：德，就是仁义忠勇，生时人人钦佩，逝后人人敬仰。

在恒山悬空寺，我们参省：佛，称为"空王"，德者，内心需要空空如也。生而不有，为而不恃，长而不宰，是谓玄德。

在太原晋祠，高人讲解：《尚书》中，五福，一曰寿，二曰富，三曰康宁，四曰攸好德、五曰考终命。德是人的福气之一。

不论哪一种解释，都有其道理和实际场景，充分说明"德"在企业文化中的重要性；坂田华为基地培训中心门口石头上刻着八个大字"大胜在德，小胜靠智"，说明"德"是企业精神文明的最高标准之一。

于是发挥所学，以"中学为体，西学为用"的原则勉强交了一份作业，没想到他们非常高兴，交谈甚欢。笔者后来赠送一副对联给这位企业家。这里共享给大家。

笔者理想中的企业是这个样子。

有法度：遵循现代企业管理制度，遵纪守法开展经营，善于学习不断创新，聚贤纳才开拓奋进，则符合社会进步规律，符合社会公德，"生生不息，欣欣向荣"。

有敬畏：遵循中国文化中的"天人合一""敬天畏地，仁者爱人""积善之家必有余庆""祖德荫子孙""得道者多助""先天下之忧而忧，后天下之乐而乐"，关爱员工，承担社会责任，则符合天地道德，"自天佑之，吉无不利"。

有情理：一家人的信息是同步运化的，遵循家国文化的情怀，"修身齐家治国平天下""内举不避亲，外举不避仇"。按德才兼备、德位相配的原则，在企业中合理遵规使用家族的亲人，则凝聚家族祖德，"血缘清和，吉祥兴旺"。在接班人的选择上，走中国文化与西方相结合的道路，家族传承与职业经理人相结合，公私兼顾。中国本土企业有自己独特的生存和发展土壤，企业创始人在建立公司的过程中，经历的艰难困苦和内心烦恼不是其他人可以理解的，所以一定要更加重视创始人的意见和家族传承。

企业核心价值观：按客户、员工、社会、股东的顺序进行定义。

- 客户层面：忠于且成就客户。
- 员工层面：信任和尊重员工。
- 社会层面：产业报国守正创新。
- 股东层面：创造利润持续发展。

祝福企业家的对联：

裕后光先

坐听无弦曲 气定神清天道酬勤进财积功基业长青日日增富贵

明通造化机 闲庭信步厚德载物修心惜身传承永固月月添福寿

"坐听无弦曲，明通造化机"，源自八仙之一吕洞宾的《百字碑》，在大同纯阳宫，笔者尝试着清静一会，的确可以放下思虑而心境开朗。人应该每天都有十几分钟真正静下来，安心独处，聆听宇宙天地自然的节律，享受无弦曲，就会慢慢明白天地造化的机缘。

明理之后，我们就可以气定神清地处理日常事务，也可以在风吹浪打中闲庭信步。

仔细观察会发现，发展很大的企业往往是静水潜流，"润物细无声"，恰恰契合"静里乾坤大"之深义。管理学家德鲁克也指出："一个有效管理的企业应该是平淡无奇的。真正管理好的企业，外部看起来是风平浪静的。"

"天道酬勤，厚德载物"源自《易经》中的"天行健，君子以自强不息；地势坤，君子以厚德载物"。在郑州伏羲山上，望着远处连绵不断、气势雄伟的山脉，心胸异常开阔，一股浩然正气油然而生。

"进财积功，修心惜身"。曾子在《大学》中指出"德者，本也；财者，末也""生财有大道，仁者以财发身，不仁者以身发财"。在工作中不断进步，不断为社会创造价值，则财源广进，功业巍巍；同时注意维护自身和员工的身体健康、心理健康，健康美好地生活。笔者经常对合作的企业家讲，需要了解一些中医学，炎帝黄帝都是研究医药医学的，医学很多理念不仅可以用来调养自己的身心，也可以用来治理企业。这样企业基业长青、传承永固，企业中人人都得富贵福寿，这就是大家盼望的企业家，盼望的企业。

横联：裕后光先。正是由于我们都有缺憾，都会犯错误，都是凡夫俗子，都有"酒色财气烟"的烦恼，所以，我们更需要"文化"，乃至"道德"这个导航仪，从而选择正确的道路，掌握正确的方法，观察并采取正确的行为，从而不断获取天地的无形资源和社会的有形资源，在新的时空演进中，开创经济不断繁荣的新局面，达到企业与员工一体健康发展。

每个人都只是历史进程中的一朵浪花，既有其独特使命，也得承认自身局限性，完成阶段性的任务，做好承前启后的工作，发扬光大先辈的事业，为后来人铺好锦绣前程，就是人生大成就者。

研讨与演练

1. 企业文化与流程管理、变革管理的关系。
2. 企业文化与战略的关系。
3. 如何打造优秀的企业文化？

关键问答

华为接班人是如何产生的？

《华为基本法》第一百零二条：接班人的产生。

华为公司的接班人是在集体奋斗中从员工和各级干部中自然产生的领袖。公司高速成长中的挑战性机会，以及公司的民主决策制度和集体奋斗文化，为领袖人才的脱颖而出创造了条件；各级委员会和各级部门首长办公会议，既是公司高层民主生活制度的具体形式，也是培养接班人的温床。要在实践中培养人、选拔人和检验人。要警惕不会做事却会处世的人受到重用。我们要坚定不移地向第一、二代创业者学习。学习他们在思想上的艰苦奋斗精神，勇于向未知领域探索；学习他们的团队精神和坦荡的胸怀，坚持和不断完善我们公正合理的价值评价体系；学习他们强烈的进取精神和责任意识，勇于以高标准要求和鞭策自己；学习他们实事求是的精神，既具有哲学、社会学和历史学的眼界，又具有一丝不苟的工作态度。走向世界，实现我们的使命，是华为一代一代接班人矢志不渝的任务。

他山之石

以生动活泼的方式传递奋斗者为主体的文化

首先，新员工培训不能急于求成，不可能十来天就把新员工改造成骨干，这不现实，也不大可能。我们能够给新员工灌输的文化就是"奋斗"。我们华为公司是以奋斗者为本的公司，我们确定的是以奋斗者为主体的文化。华为公司所有的制度、所有的政策是以奋斗来定位的，不能奋斗者就不是华为人，是要被淘汰的。

我们建立各项制度的基本假设是，员工是努力奋斗的，而公司决不让雷锋吃亏。我建议新员工在培训中只学四篇文章，《致加西亚的信》大家必学。学完之后，找你我身边的加西亚，而不要讲你的感受，讲你的感受有什么用？你身边就有加西亚，你能不能向他学习。我建议再学三篇文章，《致新员工书》《天道酬勤》《华为的核心价值观》。其他辅助性读物，《华为文摘》等，仅为参考。

我们的原则是不变化的，但方法是可以变化的，是可以丰富多彩的。不要搞以人为敌的考试，以及考一些不清晰的题目。应该是通过讨论，使员工知道公司的许多管理规定，如工资薪酬的管理原则，社保医保、意外伤害保险的具体方法，以及如何考核评价员工，如何进行干部选拔的三权分立等的许多政策。要让员工知道成长的明确、清晰的导向，以及通过新员工培训的丰富多彩的活动，增强人际理解力与沟通能力。

我们要不断激励员工前进，害怕到海外去，到艰苦地区去，害怕艰苦的工作，在华为是没有出路的。不想成为将军，而只想当一个士兵，是可以的；我们也允许士兵存在，如果贡献大于成本，就是一个普通员工，如果贡献低于成本，那就末位淘汰。因此新员工培训传达一种原则就是"奋斗"，只有奋斗才有利于社会，只有奋斗才有个人前程，只有奋斗才能报效父母，只有奋斗才有益于妻儿……

我认为任何人只要通过努力都是可以改变自己命运的，一切进步都是掌握在自己手中，不在别人。新员工的培训的教材和骨干员工的版本是不一样的，骨干员工讲的很多是方法，叫他们如何用工具，而新员工讲的是一种精神，首先要有精神，然后才会有方法。

什么是文化？我多次提到，华为是没有文化的，都是从世界的先进文化借鉴来的，只要是好的，我们都要吸取，优秀的管理也要吸取。核心是很小的，就是奋斗精神和牺牲精神。其实奋斗精神与牺牲精神也是几千年来就有的，也不是我们发明的。过多强调华为自己的文化是没有必要的，只要这个文化与别的先进文化不融合，最后是存在不下来的。对新员工，核心价值观也只能慢慢地吸收，不是几次讨论可能解决的。

我们可以通过各种活动，来加强对奋斗文化的理解。比如，我们可以找一些在世界上非常有进取精神的歌曲或电影，晚上让大家听听看看片段，有什么不可以呢？因此整个培训教育，要寓教于乐，让大家深刻认识。我翻了一下新员工培训的案例，基本上是以华为公司为主题的案例，太封闭，当然我也不反对，这也是很好的，但是我们为什么不从更广泛内容里面去寻找呢？

我们要转变一个思维，就是视野。培训教师转变视野，不要只狭隘地看得见华为，看不见别人好的地方。我们很多人缺少视野，就只看到眼前这点东西，靠机械教条的东西来改造人。因此我认为要简化培训内容，丰富培训形式，方法要多样，加强员工自悟，让更多的人感兴趣进来。

现在我们跟员工讲的东西，不要脱离这个时代背景。传承一种文化，要切合实际。现实生活中照样有奋斗者，我们不要以说教的方式来讲道理教育员工。要让员工展开讨论和争论，这样印象才深刻。我们的目标是不能变的，但方法可以调整。太深奥的道理新员工一时接受不了，转换一下思路，可以活跃一点、活泼一点。从现实角度来看不要过分强调华为文化，在教材和教学方法上不要太教条、太机械，但参考材料可以五花八门，好的东西可摘一些漫画印成彩印本。不要因循守旧，我认为没有什么不能动的，我只要一个最后的结果，大家纷纷要求上战场，到艰苦的地方和工作岗位去都不辞职，这就说明新员工的培训很成功了。

——《任总关于新员工培训的谈话》节选

参考资料

[1] 黄卫伟. 以客户为中心 [M]. 北京：中信出版集团，2016.

[2] 田涛. 华为访谈录 [M]. 北京：中信出版集团，2021.

[3] 黄卫伟. 以奋斗者为本 [M]. 北京：中信出版集团，2014.

[4] 黄卫伟. 价值为纲 [M]. 北京：中信出版集团，2017.

[5] 迈克尔·哈默，丽莎·赫什曼. 端到端流程：为客户创造真正的价值 [M]. 方也可，译. 北京：机械工业出版社，2022.

[6] 华为企业架构与变革管理部. 华为数字化转型之道 [M]. 北京：机械工业出版社，2022.

[7] 夏忠毅. 为客户服务是华为存在的唯一理由 [M]. 北京：中信出版集团，2022.

[8] 菲利普·科特勒，凯文·莱恩·凯勒，亚历山大·切尔内夫. 营销管理 [M]. 16版. 陆雄文，蒋青云，赵伟韬，等译. 北京：中信出版集团，2022.

[9] 罗伯特·卡普兰，大卫·诺顿. 平衡计分卡：化战略为行动 [M]. 刘俊勇，孙薇，译. 广州：广东经济出版社，2013.

[10] 格里高利·凯斯勒，艾米·凯茨. 企业组织设计：如何利用组织设计驱动业务结果的达成 [M]. 江阮渊，张善依，译. 北京：电子工业出版社，2020.

[11] 夏忠毅. 从偶然到必然：华为研发投资与管理实践 [M]. 北京：清华大学出版社，2019.

[12] 陈雨点，王云龙，王安辉. 华为战略解码：从战略规划到落地执行的管

理系统 [M]. 北京：电子工业出版社，2021.

[13] 谢宁. 华为战略管理法：DSTE 实战体系 [M]. 北京：中国人民大学出版社，2022.

[14] 陈志强. 赢在升级：打造流程化组织 [M]. 北京：企业管理出版社，2021.

[15] 冯德刚. 从跟随到领先：华为管理体系重构之路 [M]. 北京：清华大学出版社，2024.

[16] 袁江. 活下去：华为变革之道 [M]. 北京：电子工业出版社，2023.

[17] 王占刚. LTC 与铁三角：从线索到回款 [M]. 北京：人民邮电出版社，2023.

[18] 王占刚. 客户第一：华为客户关系管理法 [M]. 北京：人民邮电出版社，2020.

[19] 美国项目管理协会. 项目管理知识体系指南（PMBOK® 指南）[M]. 5 版. 许江林，等译. 北京：电子工业出版社，2013.

[20] 华为. 华为公司 2018 年年报. http://www.huawei.com

[21] 华为. 华为公司 2020 年年报. http://www.huawei.com

[22] 华为. 华为公司 2022 年年报. http://www.huawei.com

[23] 南怀瑾. 易经系传别讲 [M]. 上海：复旦大学出版社，2018.

[24] 曾仕强，刘君政. 易经真的很容易 [M]. 西安：陕西师范大学出版总社，2009.

[25] 无名氏. 内证观察笔记：真图本中医解剖学纲目 [M]. 桂林：广西师范大学出版社，2011.

[26] 彼得·德鲁克. 管理的实践 [M]. 齐若兰，译. 那国毅，审订. 北京：机械工业出版社，2019.

[27] 郭平. 常变与长青：通过变革构建华为组织级能力 [M]. 深圳：深圳出版社，2024.

[28] 范厚华. 华为铁三角工作法 [M]. 北京：中信出版集团，2021.

[29] 胡赛雄. 华为增长法 [M]. 北京：中信出版集团，2020.

[30] 胡赛雄. 管理的力量 [M]. 北京：机械工业出版社，2024.

[31] 吴越舟. 华为战略营销笔记 [M]. 北京：机械工业出版社，2021.

[32] 吴越舟. 企业顶层设计 [M]. 北京：人民邮电出版社，2018.

[33] 王玉荣，葛新红. 流程管理 [M]. 5 版. 北京：北京大学出版社，2016.

[34] 石晓庆，卢朝晖. 华为能，你也能：IPD 产品管理实践 [M]. 北京：北京大学出版社，2019.

[35] 周辉. 产品研发管理 [M]. 北京：电子工业出版社，2012.

[36] 卢刚. 向华为学习卓越的产品管理 [M]. 北京：北京大学出版社，2013.

[37] 邓斌. 管理者的数字化转型：数字大时代的 21 个小故事 [M]. 北京：人民邮电出版社，2023.

[38] 王旭东，陈雨点. 华为干部管理：解密华为人才"倍"出的底层逻辑 [M]. 北京：电子工业出版社，2021.

[39] 秦杨勇. 战略解码：华为等公司战略落地的利器 [M]. 北京：中国人民大学出版社，2021.

[40] 丁少华. 贯通：数字化订单交付 [M]. 北京：机械工业出版社，2023.

[41] 刘祖友. 销售漏斗与销售管理 [M]. 2 版. 北京：中华工商联合出版社，2021.

[42] 深圳市格物流程研究院. 流程管理标准指南 [M]. 北京：清华大学出版社，2021.

[43] 何绍茂. 华为战略财务讲义 [M]. 北京：中信出版集团，2022.

[44] 温兆文. 全面预算管理：让企业全员奔跑 [M]. 北京：机械工业出版社，2015.

[45] 杨大跃. 首席质量官：华为管理转型与质量变革 [M]. 北京：企业管理出版社，2021.

[46] 王四海. 从战略制定到产品上市：集成产品开发（IPD）应用实践 [M]. 北京：企业管理出版社，2023.

[47] 杨涛. 集成产品开发 IPD[M]. 北京：电子工业出版社，2024.

[48] 杨勇. 流程即组织力：华为高效增长的业务管理逻辑 [M]. 杭州：浙江大学出版社，2024.

[49] 胡朝华. 华为产品数据是怎样炼成的 [M]. 北京：清华大学出版社，

2024.

[50] 邓斌．华为学习之法：赋能华为的 8 个关键思维 [M]．北京：人民邮电出版社，2021.

[51] 华为项目管理能力中心．华为项目管理之道 [M]．北京：机械工业出版社，2024.

[52] 杨鹍．华为，战略驱动营销 [M]．北京：电子工业出版社，2024.

[53] 彼得·德鲁克．管理：使命、责任、实践（责任篇）[M]．陈驯，译．北京：机械工业出版社，2022.

[54] 吴越舟．资深战略专家教你搞定企业转型 [M]．北京：中国经济出版社，2016.

[55] 王益民．数字政府 [M]．北京：中共中央党校出版社，2020.

[56] 吴晓波，约翰·彼得·穆尔曼，黄灿，等．华为管理变革 [M]．北京：中信出版集团，2017.

[57] 王纪奎．数字化转型战略 [M]．北京：电子工业出版社，2020.

后记

本书介绍的业务变革和流程管理的理论和实践，源自华为技术有限公司，以及各行各业的企业实践。

书中的内容，参考了：华为技术有限公司华为大学，以及心声社区的讲义、文章和文献；华为 DSTE、IPD、LTC、MCR、MTL、Manage BT&IT、数字化转型、IPD+、CRM+ 等各领域的变革规划、变革方案、流程方案、组织方案、IT方案、变革案例、业务运营案例、变革总结等。在这里，笔者感谢多年来培养我、提携我的华为公司领导；感谢多年来一起成长的企业家和企业管理者；感谢一起共同奋斗的同事；感谢多年来咨询界共同探索的良师益友；感谢一直默默支持我的家人；并特别感谢企业管理出版社编辑老师的指导和辛苦校对。

一切都随着社会进步而不断发展，在业务变革和流程管理领域，笔者水平和格局有限，研究也仅限于一家之言，仅供有缘人参考，书中述说不到之处，欢迎联系笔者微信号（thy-tianhaoyuan），给予批评指正。

"佛在灵山莫远求，灵山只在尔心头，人人有座灵山塔，早往灵山塔下修。"变革永远是企业不可逃避的事情，企业家心中有法，还需要在企业经营过程中反复打磨才能得法，在动态中保护好、完善好自身，方不惧任何惊涛骇浪，为社会创造更多的价值。

"和气致祥，喜神多瑞。"衷心希望企业在变革的过程中，伴随祖国新征程、新发展、新时代之机遇，顺应中华文明全面复兴之大势，充满欢乐，硕果累累，一切变得越来越美好，一切变得越来越兴旺，一切变得越来越幸福！

田溪元

2025 年 2 月于深圳